# Guía del Usuario Tecno Pova 6 Pro

## *Una Guía Definitiva para Liberar todo el Potencial de su Dispositivo*

# William C. Wills

# Contenido

# Introducción

## Descripción General del Tecno Pova 6 Pro

El Tecno Pova 6 Pro es un competidor convincente en el mercado de teléfonos inteligentes de gama media. Ofrece un rendimiento sólido, un diseño innovador y una batería de larga duración. Este dispositivo abastece tecnología entusiastas y las necesidades de los usuarios cotidianos, proporcionando una experiencia de usuario fluida e inmersiva. Exploremos los aspectos clave que hacen que el Tecno Pova 6 Pro se destaque.

## Diseño y construcción

El Tecno Pova 6 Pro cuenta con un diseño elegante y futurista caracterizado por su perfil delgado y construcción liviana. El dispositivo mide 165,5x76,1x7,9mm y pesa aproximadamente 198g, lo que lo hace cómodo de sostener y usar. Cuenta con un frente de vidrio, una parte posterior de plástico y un marco combinado con una clasificación IP53 de resistencia al polvo y salpicaduras, lo que garantiza durabilidad y protección contra los elementos cotidianos.

Uno de los elementos de diseño más distintivos del Tecno Pova 6 Pro es su panel posterior, que está elaborado utilizando técnicas avanzadas de fotolitografía. Este proceso crea patrones intrincados que realzan el atractivo estético yproporciona una textura única que recuerda a una placa base. Además, el dispositivo incorpora más de 200 LED, lo que ofrece una experiencia de iluminación personalizable con más de 100 opciones, añadiendo personalidad y estilo al dispositivo.

**Mostrar**
El Tecno Pova 6 Pro tiene una pantalla AMOLED de 6,78 pulgadas, que ofrece una resolución de 1080x2436 píxeles y una alta frecuencia de actualización de 120Hz. Esta

pantalla ofrece colores vibrantes, negros profundos y movimientos suaves, lo que mejora la experiencia visual para juegos, streaming y navegación. Con un brillo máximo de 1300 nits, la pantalla sigue siendo legible incluso en condiciones exteriores con mucha luz.

## Actuación

Debajo del capó, el Tecno Pova 6 Pro funciona con el chipset MediaTek Dimensity 6080, un procesador de ocho núcleos que garantiza un rendimiento fluido y eficiente en diversas aplicaciones. El dispositivo está disponible en configuraciones de hasta 24 GB de RAM y 256 GB de almacenamiento interno, lo que proporciona un amplio espacio para realizar múltiples tareas y almacenar archivos multimedia. También admite almacenamiento ampliable a través de una ranura microSD dedicada, lo que ofrece flexibilidad para los usuarios que requieren espacio adicional.

## Cámara

El Tecno Pova 6 Pro presenta una configuración de cámara versátil, que incluye un sensor principal de 108 MP, un sensor de profundidad de 2 MP y una lente auxiliar de 0,08 MP para capturar fotografías detalladas y vibrantes. El dispositivo también cuenta con una cámara frontal de 32MP, que garantiza selfies y videollamadas de alta calidad. Con soporte para grabación de video de 1440p a 30 fps desde la cámara trasera y 1200p a 30 fps desde la cámara frontal, los usuarios pueden capturar momentos memorables con claridad y estabilidad.

**Batería y carga**
Una de las características destacadas del Tecno Pova 6 Pro es su enorme batería de 6000 mAh, combinada con un cargador rápido de 70 W. Esta combinación proporciona a los usuarios una mayor duración de la batería y capacidades de carga rápida, lo que garantiza que el dispositivo esté siempre listo para usar. El teléfono también admite carga por cable inverso de 10 W, lo que agrega comodidad a los usuarios que necesitan cargar otros dispositivos mientras viajan.

## Conectividad y características adicionales

El Tecno Pova 6 Pro ofrece un conjunto completo de opciones de conectividad, que incluyen compatibilidad con 5G, capacidad de doble SIM, Wi-Fi 5, Bluetooth 5.3, NFC, radio FM y un puerto de infrarrojos. También cuenta con un conector para auriculares de 3,5 mm, pensado para usuarios que prefieren soluciones de audio por cable. El dispositivo cuenta con un lector de huellas dactilares (bajo la pantalla, óptico) y parlantes estéreo, mejorando la seguridad y la calidad del audio.

El Tecno Pova 6 Pro es un testimonio del compromiso de Tecno de ofrecer teléfonos inteligentes de alta calidad y repletos de funciones a un precio accesible. Con su diseño llamativo, rendimiento potente, sistema de cámara versátil y batería de larga duración, Tecno Pova 6 Pro está preparado para satisfacer las demandas de una amplia gama de usuarios, desde jugadores y creadores de contenido hasta usuarios cotidianos de teléfonos inteligentes que buscan un dispositivo confiable y elegante. dispositivo.

## Propósito de Esta Guía del Usuario

El objetivo principal de esta guía de usuario es capacitar a los usuarios de Tecno Pova 6 Pro brindándoles un recurso integral que desbloquea todo el potencial de su dispositivo. Esta guía está meticulosamente elaborada para atender a usuarios de teléfonos inteligentes nuevos y experimentados, garantizando que todos puedan beneficiarse de las funciones y capacidades avanzadas de Tecno Pova 6 Pro. A continuación se detallan los objetivos clave que esta guía busca lograr:

**Facilite una instalación y configuración sencillas**

Para los nuevos usuarios, configurar un teléfono inteligente puede ser una tarea desalentadora. Esta guía tiene como objetivo simplificar el proceso ofreciendo instrucciones paso a paso sobre cómo empezar a utilizar Tecno Pova 6 Pro. Desde insertar la tarjeta SIM hasta configurar los ajustes iniciales, cubrimos todos los elementos esenciales para garantizar una experiencia de configuración fluida y sin complicaciones.

## Mejorar la experiencia del usuario

El Tecno Pova 6 Pro está repleto de funciones diseñadas para mejorar la experiencia del usuario. Esta guía ayudará a los usuarios a aprovechar estas funciones en su máximo potencial. Ya sea personalizando la configuración de la pantalla, optimizando la duración de la batería o explorando las capacidades de la cámara, brindamos información detallada y consejos para mejorar la experiencia general del usuario.

## Maximice la productividad y el entretenimiento

Esta guía explora las diversas herramientas de productividad y opciones de entretenimiento en Tecno Pova 6 Pro. Los usuarios descubrirán cómo gestionar eficientemente sus tareas, mantenerse organizados y disfrutar de su contenido multimedia favorito. Desde utilizar el potente rendimiento del dispositivo para jugar hasta aprovechar su gran pantalla para streaming, ofrecemos orientación sobre cómo aprovechar al máximo el teléfono inteligente tanto para trabajar como para jugar.

## Solucionar problemas comunes

Es inevitable encontrar problemas al utilizar un teléfono inteligente. Esta guía del usuario incluye una sección de solución de problemas que aborda los problemas comunes que los usuarios pueden enfrentar con Tecno Pova 6 Pro. Nuestro objetivo es minimizar las interrupciones y garantizar una experiencia de usuario perfecta proporcionando soluciones y soluciones alternativas.

## Foster, una comunidad de usuarios informados

En última instancia, esta guía es una plataforma para fomentar una comunidad de usuarios de Tecno Pova 6 Pro informados y empoderados. Al compartir conocimientos e ideas, animamos a los usuarios a explorar las capacidades de sus dispositivos, experimentar con nuevas funciones y compartir sus experiencias. Este enfoque colaborativo enriquece a la comunidad de usuarios y contribuye a una experiencia más gratificante con el teléfono inteligente.

Esta guía del usuario es un complemento esencial para cualquiera que busque desbloquear todo el potencial de su Tecno Pova 6 Pro. Nuestro objetivo es mejorar la experiencia del usuario, aumentar la productividad y crear una comunidad vibrante de entusiastas de Tecno Pova 6 Pro ofreciendo instrucciones detalladas, consejos prácticos y soluciones a problemas comunes.

# Empezando

## Unboxing y Configuración Inicial

Desembalar un nuevo dispositivo siempre es emocionante y el Tecno Pova 6 Pro no es una excepción. Esta sección lo guiará a través del proceso de desembalaje y la configuración inicial de su dispositivo, asegurando un comienzo sin problemas en su experiencia Tecno Pova 6 Pro.

### ¿Qué hay en la caja?

Al abrir la caja del Tecno Pova 6 Pro, encontrarás los siguientes elementos:

- Smartphone Tecno Pova 6 Pro
- Cargador rápido de 70W
- Cable USB tipo C
- Estuche protector
- Herramienta eyectora de SIM
- Guía de inicio rápido

- Tarjeta de garantía

Es recomendable comprobar que todos estos elementos estén presentes y en buen estado. La inclusión de Tecno de una funda protectora es pensada y ofrece protección inmediata para su nuevo dispositivo.

**Preparando su dispositivo**
Insertar su tarjeta SIM antes de encender su Tecno Pova 6 Pro es una buena práctica. Utilice la herramienta de expulsión de SIM proporcionada para abrir la bandeja SIM con cuidado. Coloque con cuidado su tarjeta SIM en la bandeja y vuelva a insertarla en el dispositivo. Si planeas ampliar tu almacenamiento, este también es el momento perfecto para insertar una tarjeta microSD en la ranura designada.

**Encendido y configuración inicial**
Para encender su Tecno Pova 6 Pro, mantenga presionado el botón de encendido en el costado del dispositivo. El primer arranque puede tardar unos momentos. Una vez que el dispositivo se enciende, aparecerá un asistente

de configuración que lo guiará a través del proceso de configuración inicial, que incluye:

- **Selección de idioma:** Elija el idioma que prefiera para la interfaz de su dispositivo.
- **Configuración de wifi:** Conéctese a una red Wi-Fi para habilitar el acceso a Internet. Este paso es crucial para descargar actualizaciones e iniciar sesión en sus cuentas.
- **Configuración de la cuenta de Google:** Inicia sesión con tu cuenta de Google o crea una nueva. Esta cuenta es esencial para acceder a los servicios de Google, incluidos Play Store, Gmail y más.
- **Configuración de seguridad:** Configure ajustes de seguridad como PIN, contraseña o reconocimiento de huellas dactilares para proteger su dispositivo y su información personal.
- **Ajustes adicionales:** El asistente de configuración también puede guiarlo a través de configuraciones adicionales,

como fecha y hora, importación de datos desde un dispositivo antiguo y recomendaciones personalizadas.

## Actualización de software

Una vez completada la configuración inicial, debe buscar actualizaciones de software. Tecno publica actualizaciones con frecuencia para mejorar el rendimiento, agregar nuevas funciones y mejorar la seguridad. Para buscar actualizaciones, vaya a Configuración > Sistema > Actualización del sistema. Si hay una actualización disponible, siga las instrucciones en pantalla para descargarla e instalarla.

## Explorando su dispositivo

Una vez completada la configuración, tómate un tiempo para explorar tu Tecno Pova 6 Pro. Familiarícese con la interfaz de usuario, las aplicaciones preinstaladas y diversas configuraciones. Personalice su dispositivo según sus preferencias, como cambiar el fondo de pantalla, ajustar la configuración de pantalla y organizar aplicaciones.

¡Felicidades! Ha desembalado y configurado con éxito su Tecno Pova 6 Pro y ahora está listo para comenzar a disfrutar de las innumerables funciones y capacidades de este poderoso dispositivo.

## Navegando por la Interfaz de Usuario

Tecno Pova 6 Pro se ejecuta en HiOS y la interfaz de usuario personalizada de Tecno está construida sobre el sistema operativo Android. HiOS está diseñado para mejorar la experiencia del usuario con funciones adicionales y una estética única. Esta sección lo guiará a través de los conceptos básicos para navegar por la interfaz de usuario de su Tecno Pova 6 Pro, ayudándolo a familiarizarse con el diseño y la funcionalidad.

### Pantalla de inicio
La pantalla de inicio es el centro de su dispositivo y brinda acceso rápido a aplicaciones, widgets y accesos directos. Esto es lo que puede esperar:

- **Iconos de aplicaciones:** Estos son accesos directos a sus aplicaciones. Puede tocar un ícono para abrir la aplicación correspondiente.

- **Aparatos:** Estos elementos interactivos muestran información en vivo o brindan acceso rápido a las funciones del sistema. Puede agregar widgets tocando y manteniendo presionado un espacio en la pantalla de inicio y seleccionando "Widgets".

- **Barra de búsqueda:** La barra de búsqueda, que normalmente se encuentra en la parte superior de la pantalla de inicio, le permite buscar rápidamente en su dispositivo o en la web.

- **Muelle:** La base se encuentra en la parte inferior de la pantalla de inicio, donde puede colocar las aplicaciones que utiliza con más frecuencia para acceder fácilmente.

## Barra de navegación y gestos

En la parte inferior de la pantalla, encontrarás la barra de navegación, que incluye botones para navegar por el dispositivo:

- **Botón de retroceso:** Toque aquí para volver a la pantalla anterior.
- **Botón de inicio:** Al presionar esto, regresará a la pantalla de inicio desde cualquier aplicación.
- **Botón de aplicaciones recientes:** Esto le muestra una lista de aplicaciones utilizadas recientemente, lo que le permite cambiar entre ellas rápidamente.

Alternativamente, si prefiere un enfoque más moderno, puede habilitar gestos de navegación en la configuración, que le permiten controlar su dispositivo deslizando el dedo en lugar de toques.

## Sombra de notificación y configuración rápida

Al deslizar el dedo hacia abajo desde la parte superior de la pantalla, puede acceder al tono de notificación y a la configuración rápida:

- **Sombra de notificación:** Aquí verá alertas de aplicaciones, llamadas, mensajes y notificaciones del sistema. Puede borrar las notificaciones deslizándolas o tocando el botón "Borrar".

- **Ajustes rápidos:** En la parte superior de la pantalla de notificaciones, se encuentran disponibles opciones para configuraciones de uso común, como Wi-Fi, Bluetooth y linterna. Puede personalizar las configuraciones que aparecen aquí tocando el ícono de edición.

**Menú de configuración**

Para una personalización y configuración más profunda, utilizará el menú de configuración. Accede a él tocando el ícono de ajustes en tu pantalla de inicio o en el panel de configuración rápida. El menú está organizado enconectividad, visualización, sonido, seguridad y más apartados.

## Aplicación de dibujo

El cajón de aplicaciones es donde puedes encontrar todas las aplicaciones instaladas en tu dispositivo. Accede a él deslizando hacia arriba desde la parte inferior de la pantalla de inicio. Aquí puede explorar sus aplicaciones alfabéticamente, buscar una aplicación u organizarlas en carpetas.

## Multitarea y pantalla dividida

Tecno Pova 6 Pro admite multitarea, lo que le permite ejecutar dos aplicaciones simultáneamente usando la función de pantalla dividida. Para usarlo, abra la pantalla de aplicaciones recientes, toque el ícono de la aplicación en la parte superior de la vista previa y seleccione "Pantalla dividida". Luego, elija otra aplicación de la lista de aplicaciones recientes o del cajón de aplicaciones para llenar la otra mitad de la pantalla. .

## Consejos para una navegación eficiente

Personalice su pantalla de inicio: organice aplicaciones y widgets para adaptarlos a sus preferencias y patrones de uso.

- **Usar carpetas:** Agrupe aplicaciones similares en carpetas para mantener su pantalla de inicio organizada y ordenada.

- **Aprovechar los atajos:** Para ahorrar tiempo, cree accesos directos para las tareas realizadas con frecuencia.

- **Explora las funciones de HiOS:** HiOS incluye funciones adicionales como paneles inteligentes y controles por gestos para mejorar su experiencia de navegación.

Al familiarizarse con estos aspectos de la interfaz de usuario de Tecno Pova 6 Pro, podrá navegar por su dispositivo de manera más eficiente y aprovechar al máximo sus capacidades. A medida que se sienta más cómodo con la interfaz de usuario, descubrirá funciones y configuraciones adicionales que pueden personalizar y mejorar aún más su experiencia.

## Personalización de la Configuración

Tecno Pova 6 Pro, con tecnología HiOS, ofrece una amplia gama de configuraciones personalizables, lo que permite a los usuarios adaptar sus dispositivos a sus preferencias y necesidades. Esta sección lo guiará a través de las configuraciones clave que puede ajustar para optimizar su experiencia con el dispositivo.

## Configuración de pantalla

La pantalla es uno de los componentes de su teléfono inteligente con los que más se interactúa, y personalizarla puede mejorar significativamente su experiencia de usuario.

- **Brillo y cuidado de los ojos:** Ajuste el nivel de brillo manualmente o habilite el brillo adaptativo para que se ajuste automáticamente según la luz ambiental. El modo Eye Care reduce la emisión de luz azul, lo que puede ayudar a reducir la fatiga visual en condiciones de poca luz.

- **Frecuencia de actualización:** El Tecno Pova 6 Pro admite una alta frecuencia de actualización de hasta 120 Hz. Puede cambiar entre frecuencias de actualización estándar y alta para equilibrar imágenes fluidas y duración de la batería.

- **Modo oscuro:** La activación del modo oscuro cambia los fondos del sistema y de las aplicaciones compatibles a colores oscuros, lo que reduce la fatiga visual y potencialmente ahorra vida de la batería en las pantallas AMOLED.

## Sonido y vibración

Personalizar la configuración de sonido puede mejorar su experiencia al recibir llamadas, notificaciones o mientras disfruta de los medios.

- **Tonos de llamada y sonidos de notificación:** Elija diferentes sonidos para tonos de llamada, notificaciones y alarmas para distinguirlos fácilmente.
- **Niveles de volumen:** Ajuste el volumen de los medios, las llamadas, las notificaciones y los sonidos del sistema de forma independiente.
- **Intensidad de vibración:** Personaliza la intensidad de vibración para llamadas y notificaciones según tus preferencias.

## Seguridad y privacidad

Proteger su dispositivo y administrar su privacidad es crucial. El Tecno Pova 6 Pro ofrece varias funciones para ayudarle a proteger su información.

- **Bloqueo de pantalla:** Configure un PIN, patrón o contraseña para proteger su dispositivo. También puedes configurar el reconocimiento de huellas dactilares o el desbloqueo facial para mayor comodidad y seguridad.

- **Bloqueo de aplicación:** Proteja aplicaciones individuales con huella digital, reconocimiento facial o contraseña para proteger información confidencial.

- **La configuración de privacidad:** Revise y administre los permisos de las aplicaciones, asegurándose de que las aplicaciones solo puedan acceder a los datos necesarios.

## Batería y rendimiento

Optimizar la batería y la configuración de rendimiento puede ayudarte a aprovechar al máximo tu Tecno Pova 6 Pro.

- **Modo de ahorro de batería:** Active el modo de ahorro de batería para extender la vida útil de la batería limitando la actividad en segundo plano y reduciendo el consumo de energía.

- **Modo de desempeño:** Cuando necesites más potencia, por ejemplo, para juegos o tareas intensivas, puedes habilitar el modo de rendimiento para aumentar las capacidades de tu dispositivo.

- **Gestión de aplicaciones:** Revise y cierre o desinstale periódicamente las aplicaciones que ya no utiliza para liberar recursos y espacio de almacenamiento.

## Conectividad

Mantenerse conectado es clave; personalizar su configuración de conectividad puede mejorar su experiencia.

- **Wi-Fi y datos móviles:** Administre sus redes Wi-Fi y el uso de datos móviles. Puede establecer límites de datos, seleccionar redes preferidas y configurar los ajustes del punto de acceso.

- **Bluetooth:** Personalice la configuración de Bluetooth para conectarse a dispositivos y accesorios. Puede cambiar el nombre de su dispositivo para identificarlo más fácilmente y administrar los dispositivos emparejados.

## Personalización

Personalizar tu Tecno Pova 6 Pro hace que el dispositivo sea realmente tuyo.

- **Temas y fondos de pantalla:** Elija entre una variedad de temas y fondos de pantalla para cambiar la apariencia de su dispositivo. También puedes utilizar tus fotos como fondos de pantalla.

- **Diseño de pantalla de inicio:** Puede personalizar el diseño de su pantalla de inicio, incluido el tamaño de la cuadrícula, el tamaño de los iconos y si desea mostrar u ocultar el cajón de aplicaciones.

- **Gestos y navegación:** Personalice los gestos y botones de navegación según sus preferencias. También puedes habilitar gestos para iniciar la cámara, encender la linterna y más.

Al explorar y personalizar estas configuraciones, puede mejorar su experiencia Tecno Pova 6 Pro, haciendo que su dispositivo sea más agradable y adecuado a su estilo de vida. Recuerde, las mejores configuraciones son las que satisfacen sus necesidades y preferencias específicas, así que siéntase libre de experimentar y ajustar sobre la marcha.

# Características de Hardware

### Explorando el Diseño del Pova 6 Pro

El Tecno Pova 6 Pro es un testimonio del compromiso de Tecno de combinar funcionalidad con atractivo estético en los diseños de sus teléfonos inteligentes. Esta sección explora las características de hardware y los elementos de diseño que hacen que el Pova 6 Pro se destaque en el competitivo mercado de los teléfonos inteligentes.

### Calidad de construcción y materiales

El Tecno Pova 6 Pro presenta una calidad de construcción robusta que es duradera y visualmente atractiva. El dispositivo emplea una combinación de materiales para lograr un equilibrio entre durabilidad y elegancia en el diseño:

- **Cristal frontal:** La parte frontal del dispositivo está adornada con un panel de vidrio de alta calidad que brinda una experiencia táctil suave y receptiva al mismo tiempo que ofrece una salida de pantalla clara y vibrante.

- **Marco y respaldo de plástico:** Para mantener un diseño liviano sin comprometer la durabilidad, Pova 6 Pro utiliza un material plástico de alta calidad para su cubierta trasera y marco. Esta elección de materiales también permite diseños y patrones complejos en el panel posterior, lo que aumenta el atractivo estético del dispositivo.

**Ergonomía y Manejo**

El Tecno Pova 6 Pro está diseñado pensando en la comodidad y la ergonomía del usuario. A pesar de su gran pantalla, el dispositivo presenta un perfil delgado y bordes curvos, lo que lo hace cómodo de sostener y operar con una mano. La ubicación de los botones y puertos se ha considerado cuidadosamente para garantizar que sean fácilmente accesibles.

**Mostrar**

La pantalla es una de las características destacadas del Pova 6 Pro y ofrece a los usuarios una experiencia de visualización inmersiva:

- **Tamaño y resolución:** El dispositivo cuenta con una gran pantalla AMOLED de 6,78 pulgadas, que ofrece un amplio espacio de pantalla para juegos, streaming y multitarea. Con una resolución de 1080x2436 píxeles, la pantalla ofrece imágenes nítidas y detalladas.

- **Frecuencia de actualización:** Una alta frecuencia de actualización de 120 Hz permite un desplazamiento fluido y animaciones fluidas, lo que mejora la experiencia general del usuario, especialmente para los jugadores y aquellos que consumen mucho contenido de vídeo.

- **Brillo y precisión del color:** La pantalla puede alcanzar altos niveles de brillo, lo que garantiza una buena visibilidad incluso bajo la luz solar directa. La reproducción del color es precisa, con colores vibrantes y negros profundos que resaltan las imágenes y los vídeos.

## Sistema de cámara

El Tecno Pova 6 Pro está equipado con una configuración de cámara versátil diseñada para satisfacer una amplia gama de necesidades fotográficas, que incluyen:

- **Cámaras traseras:** El módulo de la cámara principal incluye un sensor de 108 MP de alta resolución que captura fotografías detalladas y vibrantes. Se complementa con un sensor de profundidad de 2MP y una lente auxiliar de 0,08MP, lo que permite opciones de fotografía creativas como el modo retrato y tomas macro.

- **Cámara frontal:** Una cámara frontal de 32 MP garantiza selfies y videollamadas de alta calidad, con funciones como embellecimiento por IA y modo retrato para mejorar tus tomas.

## Batería y carga

Uno de los puntos de venta clave del Pova 6 Pro es la duración de la batería y las capacidades de carga:

- **Capacidad de la batería:** Una enorme batería de 6000 mAh proporciona una duración de batería para todo el día, incluso para usuarios intensivos. Esto garantiza que puedas pasar el día sin preocuparte por quedarte sin energía.

- **Carga rápida:** El dispositivo admite carga rápida de 70 W, lo que le permite recargar la batería rápidamente y minimizar el tiempo de inactividad. Esta característica es útil para usuarios que están siempre en movimiento.

## Funciones de hardware adicionales

- **Conectividad:** El Pova 6 Pro admite una amplia gama de opciones de conectividad, incluidas 5G, Wi-Fi, Bluetooth y NFC, lo que garantiza que los usuarios puedan permanecer conectados en diversos escenarios.

- **Audio:**Los parlantes estéreo brindan una experiencia de audio envolvente, ya sea viendo películas, jugando o escuchando música. Incluir un conector para auriculares de 3,5 mm es una característica bienvenida para los usuarios que prefieren soluciones de audio por cable.

- **Seguridad:** El dispositivo cuenta con un sensor óptico de huellas dactilares debajo de la pantalla, que ofrece una forma segura y conveniente de desbloquear su teléfono. El desbloqueo facial también es compatible para mayor versatilidad.

El diseño del Tecno Pova 6 Pro combina armoniosamente estética, funcionalidad y características centradas en el usuario. Su sólida calidad de construcción, manejo ergonómico, pantalla impresionante, sistema de cámara versátil y batería de larga duración lo convierten en una opción convincente para un teléfono inteligente de gama media que no compromete el rendimiento ni el estilo.

# Dominar la Pantalla y los Controles Táctiles

El Tecno Pova 6 Pro cuenta con una pantalla vibrante y responsiva, complementada con controles táctiles intuitivos que mejoran la interacción del usuario. Comprender y optimizar estas funciones puede mejorar significativamente su experiencia general. Esta sección proporciona información sobre cómo dominar la configuración de pantalla y los controles táctiles de su Tecno Pova 6 Pro.

**Optimización de la configuración de pantalla**

La pantalla es su ventana a todo lo que su teléfono inteligente puede hacer, desde navegar por Internet y mirar videos hasta jugar y leer. Así es como puedes optimizarlo:

- **Ajustar brillo:** Ajuste el brillo de la pantalla según su entorno para una visualización óptima. Puede habilitar el brillo adaptativo, que ajusta automáticamente el brillo de la pantalla según las condiciones de luz ambiental, lo que garantiza la mejor visibilidad y al mismo tiempo conserva la duración de la batería.

- **Seleccionar modo de color:** El Tecno Pova 6 Pro puede ofrecer diferentes modos o perfiles de color que afectan la forma en que se muestran los colores. Experimente con estas configuraciones para encontrar la que se adapte a sus preferencias de intensidad y precisión del color.

- **Habilitar el modo oscuro:** El modo oscuro cambia los fondos del sistema y de las aplicaciones a colores oscuros, lo que reduce la fatiga visual en condiciones de poca luz y potencialmente ahorra vida de la batería. Es especialmente beneficioso durante el uso nocturno.

- **Personalizar la frecuencia de actualización:** El desplazamiento y las animaciones son más fluidos con una alta frecuencia de actualización de 120 Hz. Sin embargo, esto puede consumir más batería. Si le preocupa la duración de la batería, considere establecer una frecuencia de actualización más baja.

## Utilizar controles táctiles

Los controles táctiles son fundamentales para navegar e interactuar con su dispositivo. A continuación se ofrecen algunos consejos para dominarlos:

- **Navegación por gestos:** Si prefiere una experiencia de pantalla más inmersiva, habilite la navegación por gestos. Esto reemplaza la barra de navegación tradicional con gestos, lo que permite más espacio en la pantalla y un control intuitivo del dispositivo.

- **Sensibilidad táctil:** Si usa protectores de pantalla, ajuste la sensibilidad para asegurarse de que sus toques y deslizamientos se registren con precisión.

- **Personalización del teclado:** El teclado en pantalla es una interfaz táctil principal para ingresar texto. Sumérgete en su configuración para personalizar funciones como la autocorrección, la retroalimentación háptica y la altura del teclado para una experiencia de escritura más cómoda.

## Funciones de visualización avanzadas

Explore funciones avanzadas que pueden mejorar aún más su experiencia de visualización:

- **Pantalla siempre encendida (AOD):** Si es compatible, AOD le permite ver la hora, la fecha, las notificaciones y otra información seleccionada sin activar su teléfono. Es una característica conveniente que se puede personalizar a tu gusto.

- **Modo de lectura:** Este modo ajusta la temperatura de color de la pantalla para reducir la luz azul, lo que facilita la vista durante sesiones de lectura prolongadas.

- **Grabación de pantalla:** Es probable que el Tecno Pova 6 Pro incluya una función de grabación de pantalla, que le permite capturar lo que sucede en su pantalla, lo cual es útil para tutoriales, juegos o guardar videollamadas.

## Consejos para una interacción táctil eficaz

- **Gestos multitáctiles:** Familiarícese con los gestos multitáctiles, como pellizcar para hacer zoom y deslizar dos dedos, que pueden mejorar la navegación y el control en aplicaciones y reproducción multimedia.

- **Atajos personalizados:** Considere la posibilidad de personalizar atajos táctiles o gestos para iniciar aplicaciones o realizar acciones específicas rápidamente. Esto puede acelerar significativamente su flujo de trabajo y hacer que la navegación sea más eficiente.

Al dominar la configuración de pantalla y los controles táctiles de su Tecno Pova 6 Pro, puede crear una experiencia de usuario más personalizada y eficiente. Tómese el tiempo para explorar y ajustar estas configuraciones para que coincidan con sus preferencias y hábitos de uso, asegurándose de que su dispositivo funcione mejor para usted.

## Aprovechando el Potente Procesador

El Tecno Pova 6 Pro tiene un potente procesador que permite un rendimiento fluido y una multitarea eficiente. Comprender cómo aprovechar esta potencia de procesamiento puede ayudarle a maximizar las capacidades del dispositivo para diversas tareas, desde el uso diario hasta aplicaciones exigentes.

### Entendiendo el procesador

El corazón del Tecno Pova 6 Pro es su chipset MediaTek Dimensity 6080, un procesador octa-core que combina alto rendimiento con eficiencia energética. Este procesador está diseñado para manejar una amplia gama de tareas, que incluyen:

- **Juegos de alta definición:** El conjunto de chips puede ejecutar fácilmente juegos con uso intensivo de gráficos, proporcionando una experiencia de juego fluida e inmersiva.

- **Consumo multimedia:** Ya sea que esté transmitiendo videos o editando fotografías, el procesador garantiza que los medios se reproduzcan de manera rápida y fluida.
- **Tareas de productividad:** Desde navegar por varias páginas web hasta usar aplicaciones de productividad, el procesador puede realizar múltiples tareas sin ralentizaciones significativas.

**Optimización del rendimiento**

Para aprovechar al máximo el procesador del Tecno Pova 6 Pro, considere los siguientes consejos:

- **Actualice su software:** Mantenga actualizado el software de su dispositivo para asegurarse de tener las últimas optimizaciones de rendimiento y parches de seguridad.
- **Administrar aplicaciones en segundo plano:** Cierre periódicamente

las aplicaciones no utilizadas que se ejecutan en segundo plano para liberar memoria y potencia de procesamiento para las tareas.

- **Utilice modos de rendimiento:** Algunos dispositivos ofrecen modos de rendimiento que pueden aumentar la potencia de procesamiento para tareas exigentes. Verifique la batería o la configuración de rendimiento de su dispositivo para ver si dichas opciones están disponibles.

**Juegos y gráficos**

Para los usuarios interesados en los juegos, el procesador del Tecno Pova 6 Pro es una ventaja importante:

- **Modo de juego:** Si está disponible, habilite el Modo Juego para optimizar los recursos de juego del dispositivo, lo que puede mejorar la velocidad de fotogramas y la jugabilidad en general.
- **Configuración de gráficos:** En el juego, ajusta la configuración de gráficos

para que coincida con las capacidades del procesador. Las configuraciones más altas proporcionarán mejores imágenes, mientras que las configuraciones más bajas pueden ofrecer una mejor duración y rendimiento de la batería.

## Productividad y multitarea

El procesador también juega un papel crucial en la productividad:

- **Pantalla dividida:** Utilice la función de pantalla dividida para ejecutar dos aplicaciones una al lado de la otra, duplicando su productividad.
- **Gestión de RAM:** Con amplia RAM, el Tecno Pova 6 Pro puede mantener más aplicaciones en la memoria para cambiar rápidamente. Tenga en cuenta la cantidad de aplicaciones que tiene abiertas para mantener un rendimiento óptimo.

## Uso creativo y profesional

Para tareas creativas y profesionales, la potencia del procesador es una bendición:

- **Edición de fotos y videos:** El procesador puede editar fotografías y vídeos de alta resolución sin demoras.

- **Aplicaciones profesionales:** Ejecute aplicaciones profesionales exigentes para tareas como diseño gráfico, modelado 3D o análisis financiero con confianza.

## Consideraciones sobre la duración de la batería

Al aprovechar la potencia del procesador, es esencial considerar el impacto en la duración de la batería:

- **Modos de ahorro de batería:** Cuando no necesite el máximo rendimiento, utilice los modos de ahorro de batería para prolongar la duración de la batería de su dispositivo.

- **Uso del monitor:** Supervise el uso de la batería en el menú de configuración para identificar aplicaciones o procesos que pueden consumir energía excesiva.

Al comprender y aprovechar el potente procesador del Tecno Pova 6 Pro, puede mejorar su experiencia en una amplia gama de actividades. Ya sea que sea un jugador, un entusiasta de la productividad o un profesional creativo, las capacidades de procesamiento del dispositivo pueden satisfacer sus necesidades y ayudarlo a alcanzar sus objetivos de manera eficiente.

# Conceptos Básicos de Software

## Descripción General del Sistema Operativo Android

El Tecno Pova 6 Pro se ejecuta en el sistema operativo Android y es conocido por su flexibilidad, opciones de personalización y su amplio ecosistema de aplicaciones. El sistema operativo Android proporciona una interfaz fácil de usar y una serie de funciones que se adaptan a una amplia gama de preferencias y necesidades de los usuarios.

Esta sección proporciona una descripción general del sistema operativo Android y las funcionalidades principales del Tecno Pova 6 Pro.

## Características principales del sistema operativo Android

- **Tienda Google Play:** En el corazón del ecosistema de aplicaciones de Android se encuentra Google Play Store, que ofrece millones de aplicaciones y juegos para diversos fines, desde productividad y educación hasta entretenimiento.

- **Servicios de Google:** El sistema operativo Android viene con un conjunto de servicios de Google, incluidos Gmail, Google Maps, Google Drive y Google Photos, que brindan a los usuarios herramientas esenciales para la comunicación, la navegación, el almacenamiento y la gestión de fotografías.

- **Personalización:** Android permite una amplia personalización de la interfaz de usuario, incluida la posibilidad de cambiar temas, lanzadores, paquetes de iconos y widgets para personalizar el dispositivo a su gusto.

- **Notificaciones:** El sistema de notificaciones de Android es muy informativo e interactivo. Proporciona alertas de aplicaciones, llamadas, mensajes y actualizaciones del sistema, que se pueden administrar con simples toques y deslizamientos.

- **Seguridad y privacidad:** Android incluye varias funciones de seguridad, como Google Play Protect, que analiza las aplicaciones en busca de comportamientos maliciosos, y configuraciones de privacidad que le permiten administrar los permisos de las aplicaciones y el acceso a los datos.

**Versiones y actualizaciones de Android**

El sistema operativo Android evoluciona continuamente, con nuevas versiones lanzadas periódicamente, que introducen nuevas funciones, mejoras y actualizaciones de seguridad. Es importante mantener su Tecno Pova 6 Pro actualizado a la última versión disponible para garantizar un rendimiento y seguridad óptimos.

- **Actualizaciones del sistema:** Busque actualizaciones del sistema periódicamente en la configuración del dispositivo en **'Sistema'>'Actualización del sistema'.** Las actualizaciones pueden incluir nuevas funciones, mejoras de rendimiento y parches de seguridad.

- **Nombres de versión:** Las versiones de Android suelen llevar nombres de dulces o postres, y cada nueva versión trae cambios significativos en el sistema operativo.

**Personalización de HiOS**

HiOS de Tecno es una versión personalizada de Android que incluye funciones y modificaciones adicionales diseñadas para mejorar la experiencia del usuario en los dispositivos Tecno.

- **Funciones personalizadas:** HiOS incluye características únicas como gestos inteligentes, temas personalizados y configuraciones adicionales que no se encuentran en la experiencia estándar de Android.

- **Interfaz de usuario:** HiOS puede tener una apariencia diferente a la de Android, con íconos, diseños y animaciones del sistema personalizados.

## Optimización de Android para el Tecno Pova 6 Pro

Para aprovechar al máximo el sistema operativo Android en su Tecno Pova 6 Pro, considere los siguientes consejos:

- **Gestión de aplicaciones:** Revise y desinstale periódicamente las aplicaciones que ya no utiliza para liberar almacenamiento y recursos.

- **Optimización de la batería:** Utilice las funciones integradas de optimización de la batería de Android para extender la duración de la batería de su dispositivo administrando procesos en segundo plano y ajustando la configuración de aplicaciones individuales.

- **Personaliza tu experiencia:** Explore las configuraciones y funciones exclusivas de HiOS para personalizar aún más su dispositivo y aprovechar las mejoras específicas de Tecno.

Al familiarizarse con el sistema operativo Android y las funciones adicionales que ofrece HiOS, podrá utilizar plenamente las capacidades de su Tecno Pova 6 Pro. Ya sea que sea un usuario de Android por primera vez o un entusiasta experimentado, la combinación de las fortalezas principales de Android y las personalizaciones de Tecno brinda una experiencia de teléfono inteligente rica y versátil.

## Aplicaciones Preinstaladas y sus Funciones

Como muchos teléfonos inteligentes, el Tecno Pova 6 Pro viene con varias aplicaciones preinstaladas diseñadas para mejorar su experiencia de usuario de inmediato. Estas aplicaciones van desde herramientas y utilidades esenciales hasta plataformas de entretenimiento y redes sociales.

Comprender las funciones de estas aplicaciones preinstaladas puede ayudarlo a comenzar a utilizar su dispositivo de manera más eficiente. A continuación se ofrece una descripción general de algunas categorías comunes de aplicaciones preinstaladas en Tecno Pova 6 Pro y sus funciones principales.

## Comunicación y Redes Sociales

Teléfono: le permite realizar y recibir llamadas, administrar contactos y acceder al historial de llamadas.

- **Mensajes:** La aplicación predeterminada para enviar y recibir mensajes SMS y MMS.

- **WhatsApp:** Una popular aplicación de mensajería que utiliza su conexión a Internet para enviar mensajes y realizar llamadas de voz o video.

- **Facebook:** Una aplicación de redes sociales preinstalada que te permite conectarte con amigos y compartir actualizaciones, fotos y videos.

## Productividad y Organización

- **Calendario:** Esto le ayuda a administrar su agenda estableciendo citas, recordatorios y eventos.
- **Correo electrónico:** Una aplicación de correo electrónico genérica que se puede configurar con varios proveedores de correo electrónico para enviar y recibir correos electrónicos.
- **Archivos:** Un administrador de archivos que le permite explorar, organizar y administrar archivos almacenados en su dispositivo y servicios de almacenamiento en la nube.
- **Reloj:** Incluye funciones como alarmas, cronómetro, temporizador y reloj mundial.

## Multimedia y entretenimiento

- **Cámara:** La aplicación principal para tomar fotografías y grabar videos con varios modos y configuraciones para mejorar tu fotografía.

- **Galería:** Puede ver, organizar y editar fotos y videos almacenados en su dispositivo.

- **Música:** Un reproductor de música para escuchar y organizar tus archivos de música.

- **Radio FM:** Esto le permite escuchar estaciones de radio FM locales, lo que requiere que se conecten auriculares como antena.

## Utilidades y herramientas

- **Calculadora:** Proporciona funciones matemáticas básicas y avanzadas.

- **Linterna:** Convierte el flash LED de tu dispositivo en una linterna para iluminación.

- **Clima:** Ofrece pronósticos y condiciones meteorológicas para su ubicación actual o ciudades específicas.

- **Google Apps:** Un conjunto de servicios de Google, que incluye Google Maps, Google Drive, Google Photos y YouTube, que ofrecen navegación, almacenamiento en la nube, gestión de fotografías y transmisión de vídeo, respectivamente.

## Sistema y seguridad

- **Ajustes:** El centro central para configurar y personalizar los ajustes de software y hardware de su dispositivo.
- **Tienda Google Play:** La tienda oficial de aplicaciones para Android, donde puedes descargar e instalar aplicaciones y juegos.
- **Protección de Google Play:** Proporciona escaneo automático de aplicaciones de Google Play Store en busca de comportamiento malicioso.
- **Lanzador HiOS:** El iniciador personalizado de Tecno proporciona opciones de personalización adicionales y funciones exclusivas de HiOS.

## Consejos para administrar aplicaciones preinstaladas

- **Explora y personaliza:** Tómate un tiempo para explorar cada aplicación preinstalada y comprender sus funciones y configuraciones. Personaliza las aplicaciones según tus preferencias para una experiencia más personalizada.

- **Desinstalar o deshabilitar aplicaciones no deseadas:** Si hay aplicaciones preinstaladas que no planeas usar, considera desinstalarlas para liberar espacio de almacenamiento. Si una aplicación no se puede desinstalar, es posible que tengas la opción de desactivarla.

- **Actualice aplicaciones con regularidad:** Mantenga actualizadas sus aplicaciones preinstaladas a través de Google Play Store para asegurarse de tener las últimas funciones y mejoras de seguridad.

Al familiarizarse con las aplicaciones preinstaladas en su Tecno Pova 6 Pro, podrá comenzar a aprovechar todo el potencial de su dispositivo de inmediato. Ya sea para comunicación, productividad, entretenimiento o administración de sistemas, estas aplicaciones brindan una base sólida para su experiencia con el teléfono inteligente.

## Gestión de Notificaciones y Permisos

Administrar eficazmente las notificaciones y los permisos de las aplicaciones es crucial para mantener la privacidad y garantizar una experiencia sin distracciones en su Tecno Pova 6 Pro. El sistema operativo Android proporciona control granular sobre qué aplicaciones pueden enviarle notificaciones y acceder a funciones o datos específicos del dispositivo. A continuación, le indicamos cómo administrar estas configuraciones para adaptar su dispositivo a sus preferencias.

**Administrar notificaciones**

Las notificaciones lo mantienen informado sobre eventos, mensajes y actualizaciones importantes. Sin embargo, un exceso de notificaciones puede resultar abrumador. A continuación se explica cómo gestionarlos:

- **Configuración de las notificaciones:** Acceda a la configuración de notificaciones yendo a **'Configuración'** > **'Aplicaciones y notificaciones'**. Aquí puede configurar las preferencias de notificación para cada aplicación.

- **No molestar (NOM):** Habilite el modo DND para silenciar todas las llamadas y alertas, con la opción de permitir excepciones para contactos o aplicaciones importantes. Personalice la configuración de DND yendo a **'Configuración'** > **'Sonido'** > **'No molestar'.**

- **Canales de notificación:** Android te permite gestionar las notificaciones de forma más precisa a través de canales. Esto significa que puede controlar diferentes tipos de notificaciones desde una sola aplicación, como mensajes promocionales versus alertas de transacciones.

- **Notificaciones de pantalla de bloqueo:** Puede optar por mostrar todas las notificaciones en la pantalla de bloqueo, ocultar contenido confidencial o no mostrar ninguna notificación para mayor privacidad. Ajuste estas configuraciones en **'Configuración'>** **'Aplicaciones y notificaciones'>** **'Notificaciones'>** **'En la pantalla de bloqueo'.**

**Administrar permisos de aplicaciones**
Los permisos de la aplicación controlan a qué datos y funciones puede acceder una aplicación en su dispositivo. Administrar estos permisos es clave para proteger su privacidad.

- **Permisos de revisión:** Revise periódicamente los permisos de la aplicación yendo a **'Configuración'** > **'Aplicaciones y notificaciones** > **'Permisos de aplicaciones'.** Aquí puedes ver qué aplicaciones tienen acceso a permisos como cámara, contactos, ubicación y más.

- **Otorgar permisos:** Cuando instala una nueva aplicación o utiliza una función por primera vez, la aplicación solicitará los permisos necesarios. Conceda únicamente los permisos que sean esenciales para la funcionalidad de la aplicación.

- **Revocar permisos:** Si cree que una aplicación ya no debería tener acceso a ciertos datos o funciones, puede revocar los permisos en cualquier momento yendo a la configuración de la aplicación y desactivando los permisos.

- **Restablecimiento automático de permisos:** Algunas versiones de Android incluyen una función que restablece automáticamente los permisos de las aplicaciones que no se han utilizado durante un período prolongado. Esto ayuda a proteger sus datos para que no se acceda a ellos innecesariamente.

**Consejos para la gestión de notificaciones y permisos**

- **Priorizar notificaciones:** Determine qué aplicaciones y tipos de notificaciones son más importantes para usted y prioricélas en consecuencia. Las notificaciones menos críticas se pueden silenciar o desactivar.

- **Usar el historial de notificaciones:** Si descarta accidentalmente una notificación, puede revisarla en el historial de notificaciones. Habilite esta característica en **'Configuración'>** **'Aplicaciones y notificaciones>** **'Notificaciones'>** **'Historial de notificaciones'.**

- **Comprender los permisos:** Familiarícese con los tipos de permisos y por qué determinadas aplicaciones pueden solicitarlos. Este conocimiento le ayudará a tomar decisiones informadas al conceder o revocar permisos.

- **Auditorías periódicas:** Audite periódicamente su configuración de notificaciones y permisos para asegurarse de que se ajusten a sus preferencias y preocupaciones de privacidad.

Al controlar las notificaciones y los permisos de las aplicaciones en su Tecno Pova 6 Pro, puede crear una experiencia de teléfono inteligente más personalizada y segura. Administrar estas configuraciones lo ayuda a concentrarse en las alertas que más le importan mientras protege su información personal de aplicaciones que no la necesitan.

# Cámara y Multimedia

## Capturando Fotos y Vídeos Impresionantes

El Tecno Pova 6 Pro está equipado con un sistema de cámara versátil diseñado para capturar fotografías y vídeos impresionantes en varios escenarios. Ya sea que sea un entusiasta de la fotografía o disfrute capturar momentos de su vida diaria, comprender cómo aprovechar las capacidades de la cámara puede mejorar significativamente su contenido multimedia. Esta sección proporciona consejos e información para aprovechar al máximo las funciones de la cámara del Tecno Pova 6 Pro.

### Comprender la configuración de la cámara

El Tecno Pova 6 Pro presenta una configuración de cámara con múltiples lentes que incluye:

- **Cámara principal de 108MP:** El sensor principal de alta resolución captura fotografías detalladas y vibrantes, adecuadas para una amplia gama de necesidades fotográficas, desde paisajes hasta retratos.

- **Sensor de profundidad de 2MP:** Este sensor se utiliza para la detección de profundidad, lo que permite hermosos retratos con fondos borrosos, también conocido como efecto bokeh.

- **Lente auxiliar de 0.08MP:** Ayuda a capturar datos adicionales para mejorar la calidad de la fotografía, como mejorar el rendimiento en condiciones de poca luz.

La cámara frontal, normalmente de unos 32 MP, está diseñada para selfies y videollamadas de alta calidad, con modos de embellecimiento y efectos de retrato.

## Consejos para capturar fotografías impresionantes

- **Explorar modos de cámara:** La aplicación de cámara del Tecno Pova 6 Pro incluye modos como Retrato, Noche, Panorama y modo Pro. Experimente con estos modos para encontrar el que mejor se adapte a su escenario de disparo actual.

- **Utilice HDR:** El modo Alto rango dinámico (HDR) equilibra las sombras y las luces de tus fotografías, lo que lo hace ideal para escenas con alto contraste.

- **Juega con la composición:** Siga reglas de fotografía como la regla de los tercios, las líneas principales y el encuadre para crear fotografías más atractivas y visualmente atractivas.

- **Enfoque y exposición:** Toque el sujeto para enfocar y ajuste la exposición si es necesario deslizándose hacia arriba o hacia abajo en la pantalla. El enfoque y la exposición adecuados son clave para capturar fotografías claras y bien iluminadas.

## Consejos para grabar vídeos de alta calidad

- **Estabilice sus tiros:** Utilice un trípode o estabilice sus manos para evitar imágenes movidas. El Tecno Pova 6 Pro también puede contar con estabilización de imagen electrónica u óptica para ayudar con esto.

- **Experimente con resoluciones:** El dispositivo admite varias resoluciones de vídeo y velocidades de fotogramas. Las resoluciones más altas ofrecen más detalles, mientras que las velocidades de fotogramas más altas crean imágenes más fluidas. Encuentre el equilibrio adecuado para sus necesidades.

- **Utilice el modo de vídeo profesional:** Si está disponible, el modo Pro Video te permite ajustar manualmente configuraciones como ISO, velocidad de obturación y balance de blancos para tener más control sobre la apariencia de tu video.

- **Capture cámara lenta y lapso de tiempo:** Estos modos creativos pueden agregar una perspectiva única a tus videos. La cámara lenta captura la acción rápida, mientras que el lapso de tiempo muestra los cambios a lo largo del tiempo.

## Editar y compartir

Después de capturar sus fotos y videos, use las herramientas de edición integradas en Tecno Pova 6 Pro para mejorar su contenido. Puede recortar, ajustar el brillo y el contraste, aplicar filtros y más. Una vez que esté satisfecho con sus ediciones, comparta sus creaciones directamente desde la aplicación de la galería en las plataformas de redes sociales o con amigos y familiares a través de aplicaciones de mensajería.

Al dominar la cámara y las capacidades multimedia del Tecno Pova 6 Pro, puedes desbloquear tu potencial creativo y capturar momentos de la vida con sorprendente detalle. Ya sea fotografiando un paisaje impresionante, grabando un evento especial o capturando momentos cotidianos, estos consejos le ayudarán a conseguir los mejores resultados.

## Edición de Imágenes con la Aplicación de Cámara de Tecno

La aplicación de cámara del Tecno Pova 6 Pro le permite tomar fotografías de alta calidad y proporciona herramientas de edición para mejorar y personalizar sus imágenes directamente en su dispositivo.

Con estas funciones de edición integradas, puede realizar ajustes rápidos, aplicar efectos artísticos y compartir fácilmente sus fotografías pulidas. A continuación se explica cómo navegar y utilizar las capacidades de edición dentro de la aplicación de cámara de Tecno.

### Accediendo a las herramientas de edición

Para comenzar a editar una imagen:

1. Abra la aplicación Galería y seleccione la foto que desea editar.
2. Toque el ícono Editar, generalmente representado por un lápiz o un control

deslizante, para acceder a las herramientas de edición.

## Funciones de edición básicas

La aplicación de la cámara normalmente incluye una variedad de funciones de edición básicas que le permiten realizar ajustes rápidos y efectivos en sus fotografías:

- **Recortar y rotar:** Ajuste la composición recortando partes de la fotografía no deseadas o rotándolas para corregir la orientación.

- **Brillo y contraste:** Modifique el brillo para aclarar o oscurecer su foto y ajuste el contraste para mejorar la diferencia entre las áreas claras y oscuras.

- **Saturación y Calidez:** Aumente la saturación para obtener colores más vivos o disminúyala para una apariencia más apagada. Ajuste la calidez para hacer la foto más fría (más azul) o más cálida (más amarilla).

- **Nitidez:** Enfoque la imagen para resaltar los detalles, especialmente si la foto original está ligeramente desenfocada.

**Funciones de edición avanzadas**

Para aquellos que buscan profundizar en la edición de fotografías, la aplicación de la cámara puede ofrecer funciones avanzadas:

- **Filtros y efectos:** Aplique filtros preestablecidos para darle a su foto una apariencia o un ambiente específico, como vintage, blanco y negro o sepia.

- **Modo Belleza:** Utilice el modo belleza para suavizar la piel, ajustar los rasgos faciales y aplicar efectos de maquillaje en selfies.

- **Texto y pegatinas:**Agrega texto con varias fuentes y colores o coloca pegatinas en tu foto para agregar un elemento divertido o informativo.

## Guardar y compartir sus ediciones

Una vez que esté satisfecho con sus ediciones:

1. Toque el botón Guardar para sobrescribir la foto original o guardar una nueva copia, según sus preferencias y la configuración de la aplicación.

2. Comparta su foto editada directamente desde la galería seleccionando el ícono Compartir y eligiendo entre varias opciones para compartir, como plataformas de redes sociales, aplicaciones de mensajería o correo electrónico.

## Consejos para editar imágenes

- **Experimento:** No tengas miedo de probar diferentes herramientas y efectos de edición para ver cuál funciona mejor para tu foto. Siempre puedes deshacer los cambios o empezar de nuevo si es necesario.

- **Menos es más:** A veces, las ediciones sutiles pueden ser más efectivas que los ajustes duros. Apunte a mejoras que parezcan naturales y fieles a la escena.

- **Consistencia:** Si está editando una serie de fotografías, considere aplicar ajustes similares para mantener una apariencia consistente en todas las imágenes.

Al utilizar las funciones de edición dentro de la aplicación de cámara del Tecno Pova 6 Pro, puedes llevar tu fotografía al siguiente nivel, creando imágenes visualmente atractivas que se destacan. Ya sea realizando ajustes simples o explorando ediciones creativas, estas herramientas le permiten expresar su visión y compartir su mundo con los demás.

## Disfrutar de Música, Vídeos y Juegos

Tecno Pova 6 Pro está diseñado para brindar una experiencia multimedia inmersiva, dirigida a usuarios que aman consumir contenido y participar en juegos móviles. Con su potente hardware y software optimizado, el dispositivo ofrece una rica experiencia audiovisual y un rendimiento de juego fluido. A continuación te explicamos cómo aprovechar al máximo la música, los vídeos y los juegos en tu Tecno Pova 6 Pro.

## Experiencia de música y audio

- **Reproductor de música:** El dispositivo viene con una aplicación de reproducción de música incorporada que admite una amplia gama de formatos de audio. Puede crear fácilmente listas de reproducción, ajustar la configuración del ecualizador y administrar su biblioteca de música.

- **Servicios de transmisión:** Para acceder a una amplia biblioteca de canciones, considere descargar aplicaciones de transmisión de música como Spotify, Apple Music o YouTube Music desde Google Play Store. Estos servicios ofrecen listas de reproducción personalizadas y recomendaciones basadas en sus hábitos de escucha.

- **Audio de alta calidad:** El Tecno Pova 6 Pro admite salida de audio de alta calidad a través de su conector para auriculares y Bluetooth para auriculares o parlantes inalámbricos. Busque dispositivos que admitan códecs como AAC, aptX o LDAC para obtener la mejor experiencia de audio inalámbrico.

- **Radio FM:** Si prefiere la radio en vivo, la aplicación de radio FM incorporada le permite sintonizar estaciones locales. Recuerde, es posible que necesite conectar unos auriculares con cable, que actúan como antena.

## Transmisión y reproducción de vídeo

- **Pantalla grande:** La pantalla AMOLED de 6,78 pulgadas con una alta frecuencia de actualización hace que el Tecno Pova 6 Pro sea ideal para ver vídeos y transmitir contenido. Los colores vibrantes y los negros profundos mejoran la experiencia visual.

- **Aplicaciones de transmisión:** Descargue aplicaciones populares de transmisión de video como Netflix, Amazon Prime Video y Disney+ para acceder a una amplia gama de películas, programas de televisión y documentales.

Muchos de estos servicios ofrecen contenido en HD o 4K, que puede verse impresionante en la pantalla del dispositivo.

- **Reproductor de video:** El reproductor de video incorporado admite varios formatos de archivo, lo que le permite reproducir videos descargados directamente desde su dispositivo. A menudo incluye funciones como compatibilidad con subtítulos, control de velocidad de reproducción y duplicación de pantalla en televisores o monitores compatibles.

## Rendimiento de juego

- **Potente procesador:** El chipset MediaTek Dimensity 6080, combinado con una amplia RAM, garantiza un rendimiento de juego fluido, incluso en juegos con gráficos exigentes. Disfrute de títulos populares como PUBG Mobile, Call of Duty: Mobile y Asphalt 9 sin retrasos significativos ni caídas de fotogramas.

- **Modo de juego:** Si está disponible, active el Modo Juego del dispositivo para optimizar el rendimiento y minimizar las distracciones durante las sesiones de juego. Esta función puede priorizar el rendimiento de los juegos, bloquear notificaciones y brindar acceso rápido a herramientas valiosas como la grabación de pantalla.

- **Sistema de refrigeración:** El Tecno Pova 6 Pro puede incluir un sistema de enfriamiento para evitar el sobrecalentamiento durante sesiones de juego prolongadas y garantizar un rendimiento constante.

- **Duración de la batería:** Con una batería grande de 6000 mAh y soporte de carga rápida, puedes disfrutar de largas sesiones de juego sin preocuparte por quedarte sin energía.

## Consejos para una experiencia multimedia mejorada

- **Utilice un buen par de auriculares:** Para disfrutar de la mejor experiencia de audio, especialmente al escuchar música o mirar películas, invierta en un par de auriculares de alta calidad.

- **Ajustar la configuración de pantalla:** Adapte la configuración de pantalla a sus preferencias para disfrutar de una experiencia visual más agradable. Esto puede incluir ajustar el brillo, el modo de color y la frecuencia de actualización.

- **Administrar almacenamiento:** Los juegos de alta calidad y el contenido de vídeo sin conexión pueden ocupar un espacio de almacenamiento significativo. Utilice una tarjeta microSD para ampliar su almacenamiento o limpiar periódicamente aplicaciones y archivos no utilizados.

Al aprovechar las capacidades multimedia del Tecno Pova 6 Pro, puedes disfrutar de una experiencia de entretenimiento premium, ya sea escuchando música, viendo videos o jugando. El potente hardware y las ingeniosas funciones de software del dispositivo garantizan que los usuarios tengan todo lo que necesitan para un consumo multimedia atractivo e inmersivo.

# Conectividad y Redes

## Wi-Fi, Bluetooth y Datos Móviles

El Tecno Pova 6 Pro 5G tiene varias opciones de conectividad para garantizar que los usuarios puedan permanecer conectados en casi cualquier situación. Ya sea que se conecte a Internet, se empareje con otros dispositivos o utilice servicios de datos móviles, Tecno Pova 6 Pro 5G lo tiene cubierto. A continuación se ofrece una descripción detallada de sus capacidades de Wi-Fi, Bluetooth y datos móviles.

**Conectividad Wi-Fi**

- **Estándares de Wi-Fi:** El dispositivo admite Wi-Fi 802.11 a/b/g/n/ac, que incluye bandas de 2,4 GHz y 5 GHz para conexiones inalámbricas a Internet estables y rápidas.

- **Wi-Fi de doble banda:** Con soporte de doble banda, los usuarios pueden cambiar entre la cobertura más amplia de 2,4 GHz y las velocidades más rápidas de 5 GHz, según sus necesidades y el entorno de red.

## Funciones Bluetooth

- **Versión de Bluetooth:** El Tecno Pova 6 Pro 5G viene con Bluetooth 5.3, que ofrece mejoras en velocidad, alcance y capacidad de transmisión respecto a versiones anteriores.

- **Perfil de distribución de audio avanzado (A2DP):** Este perfil Bluetooth permite la transmisión inalámbrica de audio de alta calidad, ideal para escuchar música o utilizar dispositivos manos libres.

- **Baja energía (LE):** Bluetooth LE garantiza un consumo de energía más eficiente, lo que lo hace adecuado para su uso con una amplia gama de periféricos, incluidos dispositivos portátiles y de IoT.

## Soporte de redes y datos móviles

- **Tecnología de redes:** El Tecno Pova 6 Pro 5G admite redes GSM, HSPA, LTE y 5G, lo que garantiza la compatibilidad con una amplia gama de tecnologías de redes móviles en todo el mundo.

- **Conectividad 5G:** Al ser compatible con las bandas 5G SA (independiente) y NSA (no independiente), el dispositivo puede usar las últimas redes 5G para velocidades de datos móviles ultrarrápidas.

- **Capacidad de doble SIM:** El teléfono cuenta con Dual SIM (Nano-SIM, doble modo de espera), lo que permite a los usuarios tener dos números de teléfono o proveedores de servicios diferentes en el mismo dispositivo.

- **Veces:** La compatibilidad con Voz sobre LTE (VoLTE) proporciona llamadas de voz de mayor calidad a través de la red 4G LTE.

## Opciones de conectividad adicionales

- **NFC:** Near Field Communication (NFC) permite transacciones inalámbricas, fácil emparejamiento con dispositivos compatibles y lectura de etiquetas NFC.

- **Sistemas de posicionamiento:** El dispositivo admite varios sistemas de posicionamiento global, como GPS, GLONASS, GALILEO y BDS, lo que garantiza un seguimiento de la ubicación y una navegación precisos.

- **Puerto de infrarrojos:** Se incluye un puerto de infrarrojos que se puede utilizar para controlar una variedad de electrodomésticos como televisores y aires acondicionados.

- **USB tipo C:** Para conexiones por cable y carga, el Tecno Pova 6 Pro 5G está equipado con un puerto USB Type-C 2.0, que ofrece una transferencia de datos más rápida y una orientación reversible del enchufe.

Las completas funciones de conectividad del Tecno Pova 6 Pro 5 G lo hacen versátil para la comunicación, el entretenimiento y la productividad. Con sus capacidades avanzadas de Wi-Fi y Bluetooth, soporte sólido de datos móviles y opciones de conectividad adicionales, los usuarios pueden disfrutar de una experiencia conectada y fluida en varios escenarios.

## Configuración de Puntos de Acceso y Anclaje a Red

Para configurar puntos de acceso y conexión a red en Tecno Pova 6 Pro, puede seguir estos pasos generales, que son comunes en la mayoría de los dispositivos Android:

**Configurar un punto de acceso Wi-Fi**

1. Desliza el dedo hacia abajo desde la parte superior de la pantalla para acceder al panel de Configuración rápida.
2. Busca el **"Punto de acceso"** icono y tóquelo. Si no está visible, toque **"Editar"** en la parte inferior izquierda y arrastre el **"Punto de acceso"** icono en su Configuración rápida.

3. Una vez que el punto de acceso esté habilitado, puede configurarlo tocando y manteniendo presionado el botón **"Punto de acceso"** icono.

4. Puede configurar el punto de acceso Wi-Fi seleccionando **"Configurar un punto de acceso Wi-Fi"**. Puede cambiar el nombre de la red, el tipo de seguridad y la contraseña.

5. Busque redes Wi-Fi disponibles en el dispositivo que desea conectar y seleccione el nombre del punto de acceso de su teléfono.

6. Ingrese la contraseña que configuró para su punto de acceso y conéctese.

**Anclaje a través de USB**

1. Conecte su Tecno Pova 6 Pro a su computadora portátil o PC usando un cable USB que permita la transferencia de datos, usando el cable que viene con su dispositivo.

2. Es posible que aparezca una notificación en su teléfono; seleccionar **"Permitir"** si

se le solicita que permita el acceso a los datos del dispositivo.

3. Ir a **"Ajustes"** en tu teléfono, toca **"Red e Internet"** o **"Conexiones inalámbricas,"** luego seleccione **"Punto de acceso y conexión"**.

4. Activar el **"Anclaje USB"** opción. Su computadora portátil ahora debería estar conectada a Internet utilizando los datos móviles de su teléfono.

**Anclaje a través de Bluetooth**

1. Empareje su teléfono con el otro dispositivo. En Windows 10, puede ir a la configuración de Bluetooth en el Centro de actividades o **"Configuración"**> **"Dispositivos"**>**"Bluetooth"**. En Mac, busque Bluetooth en **"Preferencias del sistema"**> **"Red"**> **"Bluetooth"**.

2. En su teléfono, habilite Bluetooth y seleccione el dispositivo emparejado.

3. Navega hasta el teléfono **"El atar y zona Wi-Fi"** menú y encender **"Anclaje a red por Bluetooth"**.

4. En el otro dispositivo, únete a la red de tu teléfono para usar la conexión de datos de tu teléfono.

Es importante tener en cuenta que algunos operadores de telefonía móvil pueden limitar o cobrar más por la conexión, por lo que es recomendable consultar con su operador antes de utilizar estas funciones. Además, los problemas con la conexión USB atenuada pueden deberse a varias razones, como la necesidad de habilitar las Opciones de desarrollador, un cable USB defectuoso o una configuración USB incorrecta en el teléfono.

Asegúrese de que el cable USB esté conectado correctamente y de haber permitido el acceso a los datos del dispositivo cuando se le solicite en su teléfono. Si utiliza la conexión Bluetooth, asegúrese de que sus controladores Bluetooth estén actualizados si tiene problemas de conexión.

## Solución de Problemas de Conectividad

Cuando enfrenta problemas de conectividad en Tecno Pova 6 Pro, puede seguir varios pasos de solución de problemas relacionados con Wi-Fi, Bluetooth, datos móviles y funcionalidad de punto de acceso. Aquí hay una guía completa para abordar estos problemas:

**Problemas de conectividad Wi-Fi**
Si tiene problemas para conectarse a redes Wi-Fi, siga estos pasos:

1. **Desactivar el modo avión:** Asegúrese de que el modo avión esté desactivado, ya que desactiva todas las conexiones inalámbricas. Puedes volver a activar Wi-Fi incluso si el modo avión está habilitado.

2. **Reinicie su teléfono:** Un simple reinicio puede resolver muchos problemas de conectividad. Mantenga presionado el botón de encendido y toque **"Reanudar"** para reiniciar su dispositivo.

3. **Vuelva a conectarse a Wi-Fi:** Intentar*"olvidar"* la red Wi-Fi y volver a conectarse. Ir a **"Configuración"**> **"Red e Internet"**> **"Wi-Fi"**> **"Red guardada"** encuentra tu red, toca **"Olvidar,"** y luego vuelva a conectarse ingresando la contraseña.

4. **Verifique el enrutador inalámbrico:** Reinicie su enrutador desconectándolo de la fuente de alimentación por unos momentos. Si los problemas persisten, considere restablecer el enrutador.

5. **Reiniciar configuración de la red:** Si el problema no se resuelve, restablezca la configuración de Wi-Fi, móvil y Bluetooth. Ir a **"Ajustes,"** desplácese hacia abajo para**"Sistema,"** seleccionar **"Restablecer opciones"** y toque **"Restablecer Wi-Fi, móvil y Bluetooth"**.

## Problemas de conectividad Bluetooth

Para problemas de Bluetooth, como dificultad para emparejar o mantener una conexión:

1. **Reiniciar Bluetooth:** Apague Bluetooth desde el panel de Configuración rápida y vuelva a encenderlo.

2. **Dispositivos de reparación:** Desvincula el dispositivo Bluetooth y vuelve a vincularlo. Ir a **"Configuración"> "Dispositivos conectados"> "Bluetooth"** y busque el dispositivo que desea desvincular.

3. **Verifique si hay obstrucciones:** Asegúrese de que ninguna obstrucción física o interferencia de otros dispositivos electrónicos pueda afectar la conexión Bluetooth.

**Problemas de datos móviles**

Si tienes problemas con los datos móviles:

1. **Verifique la configuración de red:** Asegúrese de que los datos móviles estén habilitados y que su proveedor tenga la configuración APN correcta. Estos se pueden encontrar en **"Configuración"> "Red e**

Internet"> "Red móvil"> "Nombres de puntos de acceso".

2. **Reinicie su teléfono:** Al igual que con los problemas de Wi-Fi, reiniciar su teléfono puede ayudar a resolver los problemas de conectividad de datos móviles.

3. **Verifique la cobertura de la red:** Verifica que estés en un área con cobertura de red. Si se encuentra en el límite de una zona de cobertura, intente trasladarse a un lugar con una señal más fuerte.

**Problemas de puntos críticos**

Para problemas con la configuración o conexión a un punto de acceso:

1. **Verifique la configuración del punto de acceso:** Asegúrese de que el punto de acceso esté habilitado y configurado correctamente con una contraseña segura. Ajustar la configuración en **"Configuración"** >

"Red e Internet" > "Hotspot y anclaje a red".

2. **Reiniciar punto de acceso:** Deshabilite el punto de acceso desde el panel de Configuración rápida y vuelva a habilitarlo.

3. **Verifique el límite de dispositivos:** Algunos puntos de acceso limitan la cantidad de dispositivos que pueden conectarse simultáneamente. Asegúrese de no haber excedido este límite.

Si ha probado todos los pasos anteriores y aún tiene problemas de conectividad, puede que sea el momento de buscar ayuda profesional. Para problemas relacionados con el hardware o problemas persistentes de software, visitar un centro de servicio Carlcare, el proveedor de servicios oficial para dispositivos Tecno, puede proporcionar la experiencia necesaria para diagnosticar y solucionar el problema. Recuerde verificar la garantía de su dispositivo antes de buscar servicios de reparación.

# Duración y Optimización de la Batería

## Maximizar el Rendimiento de la Batería

El Tecno Pova 6 Pro está equipado con una batería sustancial de 6000 mAh, diseñada para proporcionar un uso prolongado entre cargas. Sin embargo, maximizar el rendimiento de la batería sigue siendo crucial para garantizar que el dispositivo pueda satisfacer las demandas del uso diario. A continuación se presentan estrategias para mejorar y optimizar la duración de la batería de su Tecno Pova 6 Pro.

**Comprender el uso de la batería**

- **Monitorear el uso de la batería:** Compruebe periódicamente qué aplicaciones y servicios consumen más batería accediendo a **"Configuración"**

> "Batería" > "Uso de la batería".
Esto puede ayudarle a identificar y administrar aplicaciones que consumen mucha energía.

- **Modo de ahorro de batería:** Active el modo de ahorro de batería incorporado para reducir la actividad en segundo plano y limitar las funciones que consumen energía adicional. Este modo se puede activar manualmente o activar automáticamente en un determinado porcentaje de batería.

**Ajuste de la configuración para una mejor duración de la batería**

- **Brillo de la pantalla:** Reduzca el brillo de la pantalla o habilite el brillo adaptativo para ajustar el brillo según la luz ambiental, ahorrando así vida útil de la batería.

- **Tiempo de espera de la pantalla:** Reduzca el intervalo de tiempo de espera de la pantalla para apagarla antes cuando el teléfono esté inactivo. Encuentre esta configuración en **"Configuración"** >

"Pantalla" > "Suspender" o
"Tiempo de espera de pantalla".

- **Frecuencia de actualización:** Si su dispositivo tiene una pantalla con una frecuencia de actualización alta, considere reducir la frecuencia de actualización para conservar la batería. Esta configuración se puede encontrar en **"Configuración"** > **"Pantalla"** > **"Avanzado"** o **"Frecuencia de actualización de pantalla"**.
- **Deshabilite las funciones innecesarias:** Apague Bluetooth, GPS y Wi-Fi cuando no los utilice. Además, desactive la sincronización automática de cuentas y aplicaciones que no requieren actualizaciones frecuentes.

**Gestión de aplicaciones para la conservación de la batería**

- **Cerrar aplicaciones no utilizadas:** Asegúrese de que las aplicaciones que no esté en uso estén cerradas para evitar que se ejecuten en segundo plano y agoten la batería.

- **Actualizar aplicaciones:** Mantenga sus aplicaciones actualizadas, ya que las actualizaciones suelen incluir optimizaciones para un mejor rendimiento de la batería.

- **Desinstalar aplicaciones no utilizadas:** Elimina las aplicaciones que ya no uses, ya que aún pueden ejecutar procesos en segundo plano y consumir energía de la batería.

## Mantenimiento del estado de la batería

- **Cargue correctamente:** Evite que la batería se agote por completo. Generalmente es mejor cargar la batería cuando cae por debajo del 20% y desconectarla una vez que alcanza el 80-90% para mantener la salud de la batería.

- **Evite temperaturas extremas:** Mantenga su dispositivo alejado del calor o frío extremos, ya que las temperaturas extremas pueden afectar negativamente el rendimiento y la vida útil de la batería.

- **Utilice el cargador original:** Utilice el cargador original que vino con su dispositivo o un reemplazo certificado para garantizar una carga adecuada y el estado de la batería.

## Técnicas avanzadas de optimización de la batería

- **Modos de ahorro de energía:** Explore modos avanzados de ahorro de energía que limitan el rendimiento del dispositivo, la vibración y otras funciones para reducir el consumo de energía.

- **Restricciones de antecedentes:** Para las aplicaciones que no necesitan ejecutarse en segundo plano, restrinja sus datos en segundo plano y el uso de la batería en la configuración de la aplicación.

- **Encendido/apagado programado:** Configure su dispositivo para que se apague automáticamente durante los períodos en que no lo use, como durante la noche, y vuelva a encenderlo antes de despertarse.

La implementación de estas estrategias de optimización de la batería puede extender significativamente la duración de la batería de su Tecno Pova 6 Pro, asegurando que permanezca encendido durante todo el día. Monitorear y ajustar periódicamente el uso y la configuración de la batería puede ayudar a mantener un rendimiento óptimo de la batería a largo plazo.

## Consejos para una Carga Eficiente

Es fundamental seguir las mejores prácticas para mantener la batería de 6000 mAh de su Tecno Pova 6 Pro en buen estado y cargándose de manera eficiente. A continuación se ofrecen algunos consejos que le ayudarán a cargar su dispositivo de forma eficaz y preservar la longevidad de la batería.

**Utilice el cargador y el cable adecuados**
- **Cargador original:** Utilice siempre el cargador y el cable originales proporcionados con su Tecno Pova 6 Pro o un reemplazo certificado. Están diseñados para funcionar con los

requisitos de carga específicos de su dispositivo.

- **Carga rápida:** Aproveche las capacidades de carga rápida del dispositivo para recargar rápidamente la batería. Sin embargo, la carga rápida frecuente puede provocar un mayor desgaste de la batería con el tiempo.

## Optimice los hábitos de carga

- **Cargos Parciales:** En lugar de cargar la batería al 100% cada vez, considere realizar cargas más cortas y frecuentes. Esto puede ayudar a reducir la tensión en la batería y extender su vida útil.

- **Evite la carga nocturna:** Cargar su dispositivo durante la noche puede provocar una sobrecarga, aunque la mayoría de los teléfonos inteligentes modernos están diseñados para evitarlo. Sigue siendo una buena práctica desconectar el dispositivo una vez que esté completamente cargado.

- **Cargue antes de que sea demasiado bajo:** Intente enchufar su dispositivo cuando el nivel de la batería baje a alrededor del 20-30%. Dejar que la batería se descargue completamente con regularidad puede ser perjudicial para su salud.

## Mantenga la salud de la batería y el dispositivo

- **Tómalo suave:** Cargar su dispositivo en un ambiente fresco puede evitar el sobrecalentamiento, lo que afecta negativamente la salud de la batería. Retire el estuche si se calienta demasiado durante la carga.

- **Monitorear la velocidad de carga:** Si su dispositivo se carga más lento de lo habitual, verifique el puerto de carga, el cable y el adaptador para detectar cualquier daño o suciedad que pueda estar causando el problema.

- **Calibración de batería:** Si nota lecturas irregulares del porcentaje de batería, calibre la batería drenándola al 0% y luego cargándola ininterrumpidamente al 100%.

## Utilice funciones de carga inteligente

- **Carga programada:** Algunos dispositivos ofrecen opciones de carga programada para controlar cuándo se carga el dispositivo, lo que puede resultar útil para gestionar la carga nocturna.

- **Carga optimizada:** Busque configuraciones que optimicen la carga de la batería aprendiendo sus patrones de uso y controlando la velocidad de carga para reducir el desgaste de la batería.

## Actualizaciones y configuraciones de software

- **Actualice su dispositivo:** Mantenga su dispositivo actualizado con el firmware más reciente, ya que las actualizaciones pueden incluir mejoras en los algoritmos de carga y la administración de la batería.

- **Buscar aplicaciones:** Si su dispositivo se carga lentamente, verifique si hay aplicaciones en segundo plano que puedan estar consumiendo energía; cierre las aplicaciones innecesarias antes de cargar.

Si sigue estos consejos, podrá cargar su Tecno Pova 6 Pro de manera más eficiente y ayudar a garantizar que la batería permanezca en buenas condiciones durante toda la vida útil del dispositivo. Los hábitos de carga adecuados y los accesorios y configuraciones adecuados pueden mejorar significativamente el rendimiento y la longevidad de la batería de su teléfono inteligente.

## Técnicas de Ahorro de Batería

Implementar técnicas de ahorro de batería es esencial para extender la vida útil de la batería de su Tecno Pova 6 Pro. Estas estrategias pueden ayudarte a aprovechar al máximo la batería de 6000 mAh de tu dispositivo, asegurando que dure el mayor tiempo posible entre cargas. A continuación se muestran algunos métodos eficaces para conservar la energía de la batería:

**Ajustar la configuración de pantalla**
- **Brillo de pantalla más bajo:** Reducir el brillo de la pantalla puede disminuir significativamente el consumo de batería.

Utilice el control deslizante de brillo en el panel de Configuración rápida para ajustarlo manualmente o habilitar el brillo adaptable para ajustes automáticos basados en la luz ambiental.

- **Reducir el tiempo de espera de la pantalla:** Establezca una duración más corta para que su pantalla se apague automáticamente cuando esté inactiva. Encuentra esta opción en **"Configuración" > "Pantalla" > "Suspender" o "Tiempo de espera de pantalla".**

- **Limitar la frecuencia de actualización:** Si su dispositivo tiene una pantalla con una frecuencia de actualización alta, considere configurarla a una frecuencia más baja para ahorrar batería, especialmente si no necesita una suavidad adicional para las tareas diarias.

## Administrar conectividad

- **Apague Wi-Fi y Bluetooth:** Cuando no estén en uso, desactive Wi-Fi y

Bluetooth para evitar que busquen redes o dispositivos, lo que agota la batería.

- **Desactivar GPS:** Los servicios de ubicación pueden agotar significativamente la batería. Apague el GPS o cambie el modo de ubicación a "Ahorro de batería" cuando no sea necesario un seguimiento preciso de la ubicación.

- **Usar el modo avión:** En áreas con mala recepción, su teléfono puede consumir más energía para mantener la conexión. Cambie al modo avión para detener todas las comunicaciones inalámbricas y ahorrar batería.

**Optimizar el uso de la aplicación**

- **Cerrar aplicaciones no utilizadas:** Asegúrese de que las aplicaciones no se estén ejecutando innecesariamente en segundo plano. Utilizar el **"Aplicaciones recientes"** para cerrar aplicaciones que no estás usando actualmente.

- **Actualizar aplicaciones:** Mantenga sus aplicaciones actualizadas, ya que los desarrolladores suelen optimizar las versiones más nuevas para mejorar la eficiencia de la batería.

- **Revisar los permisos de la aplicación:** Limite los permisos para que las aplicaciones accedan a funciones de hardware como la cámara o el GPS, que pueden consumir energía adicional.

## Utilice modos de ahorro de energía

- **Modo de ahorro de batería:** La mayoría de los dispositivos Android, incluido el Tecno Pova 6 Pro, tienen un modo de ahorro de batería que reduce la actividad en segundo plano y limita las funciones para prolongar la duración de la batería. Puede habilitar este modo de forma manual o automática en un determinado porcentaje de batería.

- **Modo de ahorro de energía ultra:** Algunos dispositivos ofrecen un modo de ultra ahorro de energía que restringe el teléfono a funciones esenciales como llamadas y mensajes, lo que puede ayudar a maximizar la duración de la batería.

## Configuración y características del sistema

- **Deshabilitar animaciones:** Reducir o desactivar las animaciones puede ahorrar batería. Acceda a las opciones de desarrollador tocando el número de compilación en **"Configuración"** > **"Acerca del teléfono"** varias veces, luego vaya a "Opciones de desarrollador" y reduzca o desactive las animaciones.
- **Restringir datos de antecedentes:** Algunas aplicaciones utilizan datos en segundo plano, lo que puede agotar la batería. Restringir el uso de datos en segundo plano para aplicaciones individuales en **"Configuración"** > **"Aplicaciones y notificaciones"** > **"Información de la aplicación"**.
- **Encendido/apagado programado:** Configure su dispositivo para que se apague automáticamente durante los

períodos en que no lo use, como durante la noche, y vuelva a encenderlo antes de despertarse.

## Mantenimiento regular

- **Reinicie su dispositivo:** Ocasionalmente, reiniciar su dispositivo puede ayudar a cerrar procesos innecesarios que pueden ejecutarse y consumir energía de la batería.

- **Mantenga su teléfono fresco:** El calor excesivo puede degradar el rendimiento de la batería. Evite dejar su teléfono en ambientes calurosos, como el tablero de un automóvil en un día soleado.

Al incorporar estas técnicas de ahorro de batería en su uso diario, puede mejorar significativamente la duración de la batería de su Tecno Pova 6 Pro. Monitorear periódicamente el uso de la batería y ajustar la configuración puede garantizar que su dispositivo permanezca encendido por más tiempo.

# Características Avanzadas

## Modo Multitarea y Pantalla Dividida

Tecno Pova 6 Pro mejora las capacidades multitarea con su modo de pantalla dividida, permitiendo a los usuarios ejecutar dos aplicaciones simultáneamente en la misma pantalla. Esta función es útil para quienes desean aumentar la productividad o disfrutar del entretenimiento mientras realizan otra tarea. Aquí se explica cómo realizar múltiples tareas y el modo de pantalla dividida en Tecno Pova 6 Pro.

### Cómo utilizar el modo de pantalla dividida

1. **Acceda a aplicaciones recientes:** Para comenzar a usar el modo de pantalla dividida, debes acceder a tus aplicaciones

recientes. Puede hacerlo presionando el botón de forma cuadrada en la barra de navegación o deslizándolo hacia arriba y manteniéndolo desde la parte inferior de la pantalla.

2. **Seleccione la primera aplicación:** En la vista de Aplicaciones recientes, busque la aplicación que desea usar en la mitad superior de la pantalla. Busque el ícono de pantalla dividida en la miniatura de la aplicación, generalmente representado por dos rectángulos o líneas.

3. **Activar pantalla dividida:** Toca el ícono de pantalla dividida en la miniatura de la aplicación. Esto fijará la aplicación en la mitad superior de la pantalla.

4. **Elija la segunda aplicación:** Una vez que la primera aplicación esté en su lugar, verá el resto de las aplicaciones abiertas recientemente debajo de ella. Desplácese por estas aplicaciones y seleccione la segunda que desee utilizar. Si la aplicación que desea no está en la lista de aplicaciones recientes, puede

presionar el botón de inicio y seleccionar la aplicación desde su cajón de aplicaciones.

5. **Ajustar la división:** Algunas aplicaciones, como YouTube, te permiten ajustar la cantidad de espacio de pantalla que ocupan. Puedes hacerlo arrastrando la pequeña barra que separa las dos aplicaciones hacia arriba o hacia abajo.

## Salir del modo de pantalla dividida

Para salir del modo de pantalla dividida, arrastre la pequeña barra negra que separa las dos aplicaciones hacia la que desea cerrar. Arrastrarlo hacia abajo cerrará la aplicación inferior, mientras que arrastrarlo hacia arriba cerrará la aplicación superior.

## Compatibilidad y limitaciones

Es importante tener en cuenta que no todas las aplicaciones admiten el modo de pantalla dividida. Es posible que algunas aplicaciones, en particular los juegos que requieren uso de pantalla completa, como la aplicación Cámara, no estén disponibles para realizar múltiples tareas en pantalla dividida. Para las aplicaciones que lo admiten, no todas las funciones son completamente funcionales en el modo de pantalla dividida.

## Mejorando la multitarea

La gran pantalla del Tecno Pova 6 Pro y la opción de expandir la RAM hasta 24 GB a través de MemFusion brindan un entorno sólido para realizar múltiples tareas. La función de pantalla dividida se complementa con el potente procesador MediaTek Dimensity 6080 del dispositivo, que garantiza un funcionamiento fluido incluso cuando se ejecutan varias aplicaciones.

Puede duplicar efectivamente su productividad u opciones de entretenimiento utilizando el modo de pantalla dividida Tecno Pova 6 Pro. Ya sea que estés atento a tus redes sociales mientras navegas por la web o miras un vídeo mientras tomas notas, el modo de pantalla dividida es una herramienta valiosa para los usuarios de teléfonos inteligentes modernos.

## Configuración de Seguridad y Privacidad

Tecno Pova 6 Pro ofrece una variedad de configuraciones de seguridad y privacidad para proteger sus datos y mantener el control sobre su información personal. Estas características son esenciales en una era donde la seguridad digital es primordial. A continuación se explica cómo navegar y utilizar estas configuraciones para garantizar que su dispositivo y sus datos permanezcan seguros.

### Configurar un bloqueo de pantalla

- **PIN, Patrón o Contraseña:** Ir a **"Configuración"** > **"Seguridad"** > **"Bloqueo de pantalla"** para configurar un PIN, patrón o contraseña que se debe ingresar para desbloquear su dispositivo.

- **Biometría:** Si su dispositivo admite funciones de seguridad biométrica como escaneo de huellas dactilares o reconocimiento facial, puede configurarlas en el mismo menú "Seguridad". Estos métodos proporcionan una forma cómoda y segura de desbloquear su teléfono.

## Gestión de la seguridad de las huellas dactilares

- **Registrar huella digital:** Registre una o más huellas digitales siguiendo las instrucciones que aparecen en pantalla en **"Configuración" > "Seguridad" > "Huella digital"**. Asegúrese de que sus dedos estén limpios y secos para obtener mejores resultados.

- **Desbloqueo de huellas dactilares:** Una vez inscrito, puede usar su huella digital para desbloquear su dispositivo, autorizar transacciones e iniciar sesión en ciertas aplicaciones.

- **Bloqueo de aplicación:** Algunos dispositivos le permiten usar su huella digital para bloquear aplicaciones específicas para mayor privacidad.

## Reconocimiento facial

- **Configurar desbloqueo facial:** Si está disponible, puede configurar el reconocimiento facial en **"Configuración" > "Seguridad"**. Esta función utiliza la cámara frontal para reconocer su rostro y desbloquear su dispositivo.

- **Conciencia de atención:** Para mayor seguridad, algunos dispositivos tienen una opción que requiere que abras los ojos y mires la pantalla para desbloquearlos con reconocimiento facial.

## La configuración de privacidad

- **Permisos de la aplicación:** Controle qué aplicaciones pueden acceder a datos confidenciales como su ubicación, cámara y contactos. Revise los permisos yendo a **"Configuración" > "Aplicaciones y notificaciones" > "Permisos de aplicaciones"**.
- **Servicios de localización:** Administre la configuración de ubicación para mayor privacidad. Puedes desactivar los servicios de ubicación por completo o

permitirlos solo mientras usas determinadas aplicaciones.

- **Configuración de privacidad de Google:** Puede acceder a la configuración de privacidad de su cuenta de Google para administrar el seguimiento de la actividad, la personalización de anuncios y más.

## Encontrar mi dispositivo

- **Habilitar Buscar mi dispositivo:** Esta función le permite localizar, bloquear o borrar su dispositivo en caso de pérdida o robo. Asegúrate de que esté activado en **"Configuración"** > **"Seguridad"** > **"Buscar mi dispositivo"**.

## Actualizaciones y parches de seguridad

- **Actualizaciones del sistema:** Busque e instale periódicamente actualizaciones del sistema, que pueden incluir parches de seguridad importantes. Puedes encontrar actualizaciones en

"Configuración" > "Sistema" > "Actualización del sistema".

## Consejos de seguridad adicionales

- **Wifi seguro:** Utilice redes Wi-Fi seguras y evite conexiones públicas o no seguras para actividades sensibles. Considere usar una VPN para mayor seguridad.

- **Los datos de copia de seguridad:** Realice copias de seguridad de los datos importantes con regularidad en la nube o en un dispositivo de almacenamiento externo. Esto garantiza que pueda recuperar su información si su dispositivo se ve comprometido.

- **Aplicaciones de seguridad:** Considere instalar aplicaciones de seguridad confiables que ofrezcan funciones adicionales, como escaneo de malware, borrado remoto y más.

Al configurar correctamente los ajustes de seguridad y privacidad en su Tecno Pova 6 Pro, puede proteger su dispositivo contra el acceso no autorizado y proteger su información personal para que no se vea comprometida. Revisar y actualizar periódicamente estas configuraciones le ayudará a mantener un alto nivel de seguridad a medida que surjan nuevas amenazas y se publiquen actualizaciones de software.

## Desbloqueo de Funciones Ocultas

Como muchos teléfonos inteligentes, el Tecno Pova 6 Pro tiene varias características que pueden tardar en ser evidentes para los usuarios. Estas funciones ocultas pueden mejorar su experiencia y proporcionar funciones adicionales. A continuación le indicamos cómo desbloquear algunas de estas funciones en su dispositivo:

### Acceso a funciones inteligentes

- **Asistente de IA:** En la configuración, hay una función llamada Asistente AI dentro de las escenas inteligentes. Esto le permite habilitar diferentes funciones inteligentes, como notificaciones de pagos, recordatorios de sueño, actualizaciones del clima y seguimiento de eventos de paquetes.

## Utilizando el asistente digital

- **Ella:** El Tecno Pova 6 Pro viene con una asistente digital llamada Ella, que puede ayudar con tareas como hacer llamadas, reproducir música e incluso realizar traducciones dentro de diferentes aplicaciones. Para usar Ella, active el asistente y solicite la tarea con la que necesita ayuda, como *"Ponme algo de música, Ella"*.

## Personalización de notificaciones LED

- **Mini LED:** El dispositivo tiene un conjunto de mini-LED en el módulo de la cámara que activan las llamadas entrantes y notificaciones y muestran el nivel de carga de la batería. Si bien no son tan personalizables como otros dispositivos, estos LED agregan un elemento visual único a su teléfono y pueden vincularse con ciertos juegos para obtener efectos adicionales.

## Explorando las funciones de la cámara

- **Trucos de cámara:** La aplicación de cámara del Tecno Pova 6 Pro probablemente incluya funciones y modos ocultos a los que se puede acceder explorando la configuración de la aplicación. Busque opciones para habilitar modos de disparo, filtros y efectos avanzados.

## Descubriendo aplicaciones del sistema

- **Aplicaciones ocultas del sistema:** Es posible que algunas aplicaciones del sistema no estén visibles en el cajón de aplicaciones, pero pueden ofrecer funciones adicionales. Puede encontrar estas aplicaciones explorando el menú de configuración o utilizando un iniciador de terceros que revela todas las aplicaciones instaladas.

## Consejos para encontrar más funciones ocultas

- **Consulta el Manual de Usuario:** El manual del usuario suele contener información detallada sobre las funciones de su teléfono, incluidas las menos obvias.

- **Investigación en línea:** La búsqueda en línea de funciones ocultas específicas del modelo de su teléfono o sistema operativo puede revelar una gran cantidad de información.

- **Experimente con la configuración:** Explore los distintos menús y configuraciones de su teléfono. Puede encontrar características y opciones adicionales que pueden mejorar su experiencia de usuario.

Al explorar su Tecno Pova 6 Pro, puede desbloquear una variedad de funciones ocultas que pueden mejorar su productividad, personalizar su experiencia y hacer que su dispositivo sea más agradable. Siempre aborde cualquier cambio con cautela, especialmente cuando se trata de configuraciones o funciones del sistema que podrían afectar el rendimiento o la seguridad del dispositivo.

# Solución de Problemas y Soporte

## Problemas Comunes y Soluciones

Como cualquier teléfono inteligente, el Tecno Pova 6 Pro puede encontrar problemas comunes que los usuarios deben solucionar. Estos son algunos de los problemas que se han identificado, junto con sus posibles soluciones:

### Problemas de carga

Si su Tecno Pova 6 Pro no se carga correctamente, considere los siguientes métodos:

- **Cambie la fuente de alimentación:** Pruebe con una fuente de alimentación diferente para verificar si el problema está en el enchufe de pared, el cable de extensión o el adaptador.

- **Cambie su cable USB:** Inspeccione su cable USB en busca de daños e intente usar uno diferente para ver si el problema es el cable.

- **Verifique el adaptador de carga:** Utilice un adaptador de pared diferente para determinar si el adaptador está defectuoso.

- **Desinstalar aplicaciones:** Revise y desinstale cualquier aplicación descargada recientemente que pueda estar causando el problema de carga.

- **Reinicie su dispositivo:** A veces, un simple reinicio puede resolver los problemas de carga.

- **Actualizar el software del teléfono o restablecer el teléfono:** Busque actualizaciones del sistema o realice un restablecimiento de fábrica si es necesario, pero recuerde hacer una copia de seguridad de sus datos primero.

- **Visite el centro de servicio Carlcare:** Si se sospecha de problemas de hardware, como un puerto de carga defectuoso, busque asistencia profesional en un centro de servicio autorizado.

## Problemas de llamadas

Para problemas relacionados con llamadas en el Tecno Pova 6 Pro:

- **Verifique la señal de la red:** Asegúrese de tener una señal de red fuerte. Si la señal es débil, intente trasladarse a un lugar con mejor recepción.
- **Reinicie su teléfono:** En ocasiones, un reinicio puede solucionar problemas relacionados con las llamadas.
- **Verifique la configuración de llamadas:** Revise la configuración de sus llamadas para asegurarse de que el desvío o bloqueo de llamadas no se habilite involuntariamente.

### Problema de colgar y reiniciar

Si su dispositivo se bloquea o se reinicia inesperadamente:

- **Cerrar aplicaciones en segundo plano:** Demasiadas aplicaciones ejecutándose en segundo plano pueden hacer que el teléfono se cuelgue. Cierra las aplicaciones que no estén en uso.
- **Limpiar cache:** Borre el caché de las aplicaciones de uso frecuente para liberar memoria.
- **Actualización de software:** Asegúrese de que el software de su dispositivo esté actualizado, ya que las actualizaciones pueden resolver problemas de rendimiento.

**Problema de calefacción**

Para solucionar problemas de sobrecalentamiento:

- **Evite el uso prolongado:** Dale un descanso a tu dispositivo si lo has estado usando durante un período prolongado, especialmente para tareas de alto rendimiento como juegos.

- **Retire el caso:** Retire la funda del teléfono para ayudar a disipar el calor de manera más efectiva.

- **Verifique si hay aplicaciones que funcionan mal:** Algunas aplicaciones pueden provocar que el teléfono se sobrecaliente. Busque aplicaciones con un uso elevado de batería y considere desinstalarlas.

## No hay problemas de audio o volumen multimedia

Si tienes problemas de audio:

- **Verifique la configuración de volumen:** Asegúrese de que el volumen del medio no esté silenciado ni demasiado bajo.

- **Reinicie su dispositivo:** A veces, un simple reinicio puede resolver los problemas de audio.

- **Verifique si hay obstrucciones:** Asegúrese de que las rejillas de los altavoces no estén bloqueadas ni sucias.

**Problema de punto de acceso**

Para problemas con la función de punto de acceso:

- **Verifique la configuración del punto de acceso:** Asegúrese de que el punto de acceso esté configurado correctamente con una contraseña segura y que su plan de datos admita el uso del punto de acceso.

- **Reiniciar punto de acceso:** Desactive la función de punto de acceso y luego vuelva a activarla.

- **Busque actualizaciones del sistema:** Un sistema desactualizado puede causar problemas con el punto de acceso, así que asegúrese de que el software de su dispositivo esté actualizado.

**Problema USB**

Si no se reconoce el USB:

- **Verifique el cable USB:** Utilice un cable USB diferente para ver si el problema está en el cable.

- **Limpiar el puerto USB:** El polvo o la suciedad en el puerto USB pueden impedir una conexión adecuada. Limpie el puerto con cuidado con una herramienta pequeña no conductora.
- **Reinicie su dispositivo:** A veces, reiniciar el teléfono puede solucionar problemas de reconocimiento de USB.

Al solucionar estos problemas, es importante abordar cada paso metódicamente y evitar realizar cambios que puedan complicar aún más la situación. Si el problema persiste después de probar estas soluciones, puede ser necesario buscar ayuda profesional en un centro de servicio autorizado como Carlcare.

## Cómo Ponerse en Contacto con el Servicio de Atención al Cliente

Ponerse en contacto con el servicio de atención al cliente es el siguiente paso cuando enfrenta problemas con su Tecno Pova 6 Pro que no puede resolver mediante la solución de problemas. Tecno ofrece varios canales a través de los cuales los clientes pueden buscar asistencia, asegurando que reciba la ayuda que necesita para su dispositivo. A continuación le indicamos cómo ponerse en contacto con el servicio de atención al cliente de Tecno de forma eficaz:

## Página web oficial

- **Pagina de soporte:** Visite el sitio web oficial de Tecno y navegue hasta la página de soporte o contáctenos. Aquí puede encontrar preguntas frecuentes, manuales de usuario e información de contacto.

- **Localizador de centros de servicio:** Utilice la función de localización de centros de servicio en el sitio web para encontrar el centro de servicio autorizado más cercano y obtener ayuda profesional.

## Soporte de correo electrónico

- **Dirección de correo electrónico:** Tecno suele proporcionar una dirección de correo electrónico de soporte donde puede enviar descripciones detalladas de su problema y cualquier captura de pantalla o documentación relevante. Consulte el sitio web oficial o la documentación de su dispositivo para obtener la dirección de correo electrónico correcta.

## Soporte telefónico

- **Número de línea directa:** Tecno ofrece líneas directas de atención al cliente en varias regiones. Busque el número de línea directa específico de su país en el sitio web oficial o en los materiales de embalaje del dispositivo. Esté preparado para describir su problema claramente y proporcionar la información necesaria sobre el dispositivo.

## Medios de comunicación social

- **Plataformas de redes sociales:** Tecno está activo en varias plataformas de redes sociales, incluidas Facebook, Twitter e Instagram. Puede comunicarse con sus cuentas oficiales con sus consultas. Las redes sociales pueden ser útiles para preguntas rápidas o cuando se busca consejo de la comunidad.

## Chat en vivo

- **Servicios de chat en línea:** Algunas regiones pueden ofrecer soporte por chat en vivo a través del sitio web oficial de Tecno. Esta opción le permite chatear en tiempo real con un representante de servicio al cliente que puede ayudarle con sus consultas.

## Aplicación CarlCare

- **Aplicación de servicio Carlcare:** Los usuarios de Tecno pueden descargar la app Carlcare, la aplicación oficial de servicio postventa. Esta aplicación le permite reservar citas de servicio, chatear con atención al cliente y encontrar centros de servicio.

## Preparándose para recibir apoyo

Para garantizar una experiencia de soporte fluida, prepare la siguiente información antes de comunicarse con el servicio de atención al cliente:

- **Modelo de dispositivo:** Conoce el modelo exacto de tu Tecno Pova 6 Pro.

- **Número de serie o IMEI:** Tenga a mano el número de serie o IMEI de su dispositivo, ya que el soporte técnico puede necesitarlo para verificar el estado de la garantía de su dispositivo o con fines de identificación.

- **Descripción del problema:** Esté preparado para describir en detalle el problema que está experimentando, incluidos los pasos que ya haya tomado para intentar resolverlo.

- **Comprobante de compra:** Si su problema puede estar cubierto por la garantía, tenga a mano el comprobante de compra.

Al utilizar estos canales y preparar su información con anticipación, puede asegurarse de que su experiencia con el servicio de atención al cliente de Tecno sea lo más eficiente y útil posible.

# Información de Garantía

Comprender la garantía de su Tecno Pova 6 Pro es importante en caso de que encuentre algún problema que requiera reparación o servicio. Las políticas de garantía pueden variar según la región y el minorista, pero aquí hay algunos puntos generales sobre la información de garantía para dispositivos Tecno:

**Cobertura de garantía estándar**

- **Duración:**Tecno suele ofrecer una garantía estándar de 12 meses para sus teléfonos inteligentes, a partir de la fecha de compra.
- **Incluye:** La garantía cubre defectos de fabricación y mal funcionamiento del hardware en condiciones normales de uso. Esto puede incluir problemas con el rendimiento del dispositivo, la batería, la cámara, la pantalla y otros componentes internos.
- **Exclusiones:** La garantía generalmente no cubre daños resultantes de accidentes, mal uso, reparaciones no autorizadas,

modificaciones o desgaste normal. También pueden excluirse los problemas causados por modificaciones de software o aplicaciones de terceros.

## Reclamar servicio de garantía

- **Comprobante de compra:** Para reclamar el servicio de garantía, debe proporcionar un comprobante de compra, como un recibo o factura que muestre la fecha de compra y el minorista.

- **Centros de Servicio:** Los reclamos de garantía generalmente se procesan a través de centros de servicio autorizados. Puede encontrar el centro de servicio más cercano utilizando la aplicación Carlcare o visitando el sitio web oficial de Tecno.

- **Reparación de garantía:** Si se confirma un defecto cubierto por la garantía, Tecno reparará o sustituirá el dispositivo o la pieza defectuosa sin coste adicional.

- **Servicio fuera de garantía:** Si su dispositivo está fuera de garantía o el problema no está cubierto, aún puede obtener servicios de reparación en centros autorizados, pero se aplicarán cargos.

## Garantía extendida y seguro

- **Garantía extendida:** Algunos minoristas o proveedores externos pueden ofrecer planes de garantía extendida por una tarifa adicional, extendiendo la cobertura más allá del período de garantía estándar.

- **Seguro:** También puede considerar comprar un seguro para su dispositivo, que puede brindar una protección más amplia contra daños accidentales, robo y otros riesgos no cubiertos por la garantía estándar.

## Comprobación del estado de la garantía

- **Herramientas en línea:** Tecno puede proporcionar herramientas o aplicaciones en línea como Carlcare, donde puede verificar el estado de la garantía de su dispositivo ingresando el número de serie o IMEI.

- **Atención al cliente:** Contactar Tecnoaprender sobre el estado de la garantía de su dispositivo y los detalles de la cobertura.

Es recomendable revisar los términos y condiciones de garantía proporcionados por su Tecno Pova 6 Pro o el sitio web oficial de Tecno para su región específica. Mantener una copia de la información de su garantía y comprender la cobertura puede ayudarlo a resolver cualquier problema que surja durante el período de garantía. Si tiene alguna pregunta o necesita una aclaración sobre la garantía, comuníquese con el servicio de atención al cliente de Tecno para obtener ayuda.

# Conclusión

En conclusión, el Tecno Pova 6 Pro es un teléfono inteligente rico en funciones diseñado para satisfacer una amplia gama de necesidades de los usuarios, desde entusiastas de la fotografía y jugadores hasta usuarios cotidianos que buscan un rendimiento confiable y una batería de larga duración.

Esta guía ha explorado varios aspectos del dispositivo, incluido su diseño, pantalla, capacidades de la cámara y funciones de software. También profundizamos en consejos para maximizar el rendimiento de la batería, mejorar la seguridad y la privacidad y desbloquear funciones ocultas para aprovechar al máximo su dispositivo.

Comprender cómo solucionar problemas comunes y comunicarse con el servicio de atención al cliente es fundamental para mantener el rendimiento de su dispositivo y resolver cualquier problema que pueda surgir. Conocer la información de garantía de su dispositivo también garantiza que pueda utilizar las opciones de reparación y servicio.

Tecno Pova 6 Pro ofrece una experiencia móvil integral con su hardware robusto y su software versátil. Al aprovechar los consejos y conocimientos de esta guía, los usuarios pueden mejorar el uso de su dispositivo, garantizando una experiencia fluida, eficiente y agradable con su Tecno Pova 6 Pro.

Ya sea que esté usando el dispositivo para trabajar, jugar o cualquier otra cosa, el Tecno Pova 6 Pro está equipado para satisfacer sus necesidades, lo que lo convierte en una opción convincente para quienes buscan un nuevo teléfono inteligente en el mercado.

# Apéndice

## Glosario de Términos

Para ayudarlo a comprender mejor las características y funcionalidades de Tecno Pova 6 Pro, aquí hay un glosario de términos comunes utilizados en esta guía:

- **AMOLED (Diodo emisor de luz orgánico de matriz activa):** Un tipo de tecnología de pantalla OLED utilizada en teléfonos inteligentes para una reproducción de colores vibrantes y negros profundos.

- **APN (nombre del punto de acceso):** El nombre de una puerta de enlace entre una red móvil y otra red informática, normalmente la Internet pública.

- **Biometría:** Métodos de seguridad que utilizan características físicas únicas, como huellas dactilares o reconocimiento facial, para la identificación y el control de acceso.

- **Bluetooth LE (baja energía):** Una variante de Bluetooth que ahorra energía y está diseñada para comunicaciones inalámbricas de corto alcance con bajo consumo de energía.

- **CPU (Unidad Central de Procesamiento):** El componente principal de una computadora o teléfono inteligente que realiza la mayor parte del procesamiento dentro del dispositivo.

- **Doble SIM:** Una característica que permite que un teléfono inteligente tenga y use dos tarjetas SIM diferentes, lo que permite dos números de teléfono o planes de servicio en un dispositivo.

- **Carga rápida:** Tecnología que permite que la batería de un dispositivo se cargue más rápido que los métodos de carga estándar.

- **GPS (Sistema de Posicionamiento Global):** Un sistema de navegación por satélite que proporciona información de ubicación y hora en todas las condiciones climáticas, en cualquier lugar de la Tierra o cerca de ella.

- **IMEI (Identidad Internacional de Equipo Móvil):** Un número único utilizado para identificar teléfonos móviles y algunos teléfonos satelitales.

- **LED (diodo emisor de luz):** Una fuente de luz semiconductora que emite luz cuando la corriente fluye a través de ella. Se utiliza en varios sistemas de notificación y visualización de teléfonos inteligentes.

- **NFC (comunicación de campo cercano):** Conjunto de protocolos de comunicación que permiten que dos dispositivos electrónicos, uno de los cuales suele ser un dispositivo portátil como un teléfono inteligente, establezcan comunicación acercándolos.

- **OEM (fabricante de equipos originales):** Empresa que produce piezas y equipos que otro fabricante puede comercializar.

- **RAM (memoria de acceso aleatorio):** Una forma de memoria de computadora a la que se puede acceder aleatoriamente. Lo utilizan el sistema operativo, las aplicaciones y los datos para garantizar que el dispositivo funcione de manera eficiente.

- **Frecuencia de actualización:** La cantidad de veces que una pantalla actualiza su imagen por segundo. Medida en hercios (Hz), una frecuencia de actualización más alta da como resultado una imagen más fluida.

- **SIM (Módulo de Identidad del Suscriptor):** Una pequeña tarjeta utilizada en teléfonos móviles que almacena datos para suscriptores de teléfonos celulares GSM/CDMA.

- **USB (bus serie universal):** Un estándar de la industria que establece especificaciones para conectores de cables y protocolos para conexión, comunicación y suministro de energía entre computadoras, periféricos y otras computadoras.

- **VoLTE (Voz sobre LTE):** Un estándar para comunicación inalámbrica de alta velocidad para teléfonos móviles y terminales de datos, incluidas llamadas de voz y transferencia de datos a través de redes 4G LTE.

## Preguntas Frecuentes

Aquí tienes algunas preguntas frecuentes sobre el Tecno Pova 6 Pro, junto con sus respuestas:

- **P:** ¿Cuál es la capacidad de la batería del Tecno Pova 6 Pro y cuánto dura?
  - **A:** El Tecno Pova 6 Pro está equipado con una batería de 6000 mAh. La duración de la batería variará según el uso, pero está diseñada para durar un día completo de uso moderado a intenso.

- **P:** ¿El Tecno Pova 6 Pro admite carga rápida?

○ **A:** Sí, el Tecno Pova 6 Pro admite carga rápida, lo que te permite recargar la batería rápidamente.

- **P:** ¿Puedo utilizar dos tarjetas SIM y una tarjeta microSD simultáneamente?

  ○ **A:** El Tecno Pova 6 Pro normalmente presenta una configuración de Dual SIM. Dependiendo del modelo específico, puede ofrecer una ranura para tarjeta microSD dedicada o una ranura híbrida que se puede usar para una segunda tarjeta SIM o microSD.

- **P:** ¿El Tecno Pova 6 Pro es resistente al agua?

  ○ **A:** El Tecno Pova 6 Pro no tiene clasificación IP oficial de resistencia al agua. Es recomendable mantener el dispositivo alejado del agua y la humedad para evitar daños.

- **P:** ¿Qué tipo de pantalla tiene el Tecno Pova 6 Pro?

  - **A:** El Tecno Pova 6 Pro cuenta con una pantalla AMOLED, conocida por sus colores vibrantes y negros profundos.

- **P:** ¿Cómo puedo mejorar el rendimiento de juego de mi Tecno Pova 6 Pro?

  - **A:** Para mejorar el rendimiento de los juegos, puede usar la función Modo de juego si está disponible, cerrar aplicaciones en segundo plano y asegurarse de que el software del dispositivo esté actualizado para un rendimiento óptimo.

- **P:** ¿Qué debo hacer si pierdo o me roban mi Tecno Pova 6 Pro?

  - **A:** Si pierde o le roban su dispositivo, puede utilizar la función "Buscar mi dispositivo" para localizarlo, bloquearlo o borrar sus datos de forma remota.

Es importante tener esta función configurada con anticipación.

- **P:** ¿Cómo puedo tomar una captura de pantalla en el Tecno Pova 6 Pro?
  - ○ **A:** Para tomar una captura de pantalla, mantenga presionados simultáneamente los botones de encendido y bajar volumen. Algunos modelos pueden ofrecer métodos adicionales, como deslizar tres dedos en la pantalla.

- **P:** ¿Puedo eliminar aplicaciones preinstaladas de mi Tecno Pova 6 Pro?
  - ○ **A:** Algunas aplicaciones preinstaladas se pueden desinstalar o desactivar. Para hacer esto, vaya a **"Configuración"** > **"Aplicaciones"** seleccione la aplicación que desea eliminar y elija **"Desinstalar"** o **"Desactivar."**

- **P:** ¿Cómo busco actualizaciones de software en mi Tecno Pova 6 Pro?
  - ○ **A:** Para buscar actualizaciones de software, vaya a **"Configuración"** > **"Sistema"** > **"Actualización del sistema"**. Si hay una actualización disponible, siga las instrucciones en pantalla para descargarla e instalarla.

Estas preguntas frecuentes cubren las consultas más comunes de algunos usuarios sobre Tecno Pova 6 Pro. Para obtener información más detallada o inquietudes, consulte el manual del usuario o comuníquese con el servicio de atención al cliente de Tecno.

# *Sobre el Autor*

**William C. Wills** es un reconocido experto en tecnología y autor apasionado por desmitificar dispositivos complejos y capacitar a los usuarios para desbloquear todo su potencial. Con una carrera que abarca más de dos décadas en la industria tecnológica, se ha establecido como una voz confiable en electrónica de consumo y automatización del hogar inteligente.

Nacido en Silicon Valley, el epicentro de la innovación tecnológica, William estuvo expuesto al mundo en constante evolución de los dispositivos y artilugios desde una edad temprana. Esta exposición temprana encendió una fascinación permanente por la tecnología y el deseo de hacerla accesible para todos, independientemente de su experiencia técnica.

Después de graduarse en Ciencias de la Computación en la Universidad de Stanford, William se embarcó en un viaje que lo llevó a la vanguardia de la industria tecnológica. Trabajó con empresas líderes, contribuyendo adesarrollando productos y servicios de vanguardia que revolucionaron la forma Vivimos e interactuamos con la tecnología.